JN438231

진각국사(眞覺國師)

오로지 정법만을 깨닫기 서원합니다.

입을 열면 정법만을 설하기 서원합니다.

중생이 다하는 그날까지 교화하기 서원합니다.

－대원 문재현 전법선사의 3대 서원

근대 선맥 전법 계보(近代 禪脈 傳法 系譜)

75조 경허 성우(鏡虛 惺牛) 선사

홀연히 콧구멍 없는 소 되라는 말끝에	忽聞人語無鼻孔
삼천계가 내 집임을 단박에 깨달았네	頓覺三千是我家
유월의 연암산을 내려가는 길에서	六月鷰岩山下路
일없는 야인이 태평가를 부르노라	野人無事太平歌

76조 만공 월면(滿空 月面) 선사

구름과 달, 산 계곡이라, 곳곳에서 같음이여	雲月溪山處處同
수산선자 큰 가풍일세	叟山禪子大家風
은근히 무문인을 분부하노니	慇懃分付無文印
이 기틀의 방편이 활안 중에 있노라	一段機權活眼中

77조 전강 영신(田岡 永信) 선사

전법게

불조도 전한 바 없어서	佛祖未曾傳
나 또한 얻은 바 없음을…	我亦無所得
가을빛 저물어 가는 날에	此日秋色暮
뒷산의 원숭이가 울고 있네	猿嘯在後峰

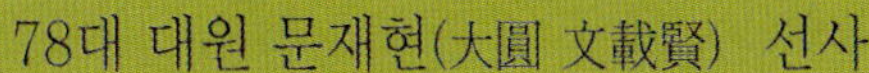

전법게

부처와 조사도 일찍이 전한 것이 아니거늘	佛祖未曾傳
나 또한 어찌 받았다 하며 준다 할 것인가	我亦何受授
이 법이 2천년대에 이르러서	此法二千年
널리 천하 사람을 제도하리라	廣度天下人

부송(付頌)

어상을 내리지 않고 이러-히 대한다 함이여	不下御床對如是
뒷날 돌아이가 구멍 없는 피리를 불리니	後日石兒吹無孔
이로부터 불법이 천하에 가득하리라	自此佛法滿天下

이 오도송과 전법게는 대원 문재현 선사님께서 법리에 맞도록 새롭게 번역한 것입니다.

2008년 여름수련회 법문중 죽비를 들어보이는 대원 문재현 선사님

바로보인 선문염송 16

바로보인 출판사는 재단법인 대한불교 육조정맥종 정맥선원에서 운영하고 있습니다.

* 국제 정맥선원 487-832, 경기도 포천시 내촌면 음현리 140-2
전화 031-531-8805
* 광주 정맥선원 506-453, 광주광역시 광산구 오운동 115-3
전화 062-944-4088
* 서울 정맥선원 132-010, 서울시 도봉구 도봉동 559-24 문젠빌딩 2층
전화 02-3494-0122
* 부산 정맥선원 607-120, 부산시 동래구 사직동 113-1번지 대륙코리아나 2층 212호
전화 051-503-6460
* 포천 정맥선원 487-832, 경기도 포천시 내촌면 음현리 14번지
전화 031-531-2433

바로보인 불법 ⑩
바로보인 선문염송(禪門拈頌) 16

초판 1쇄 박은날 단기 4343년, 불기 3037년, 서기 2010년 4월 26일
초판 1쇄 펴낸날 단기 4343년, 불기 3037년, 서기 2010년 4월 30일

역　　저 대원 문재현 선사
펴 낸 곳 도서출판 바로보인
151-802, 서울특별시 관악구 남현동 1056-1 에스파빌딩 3층
전화 02-3494-2460 팩스 02-3494-2460(전화 겸용)
등록번호 1993.10.20. 제15-169호

편집·윤문 진성 윤주영
제작·교정 도명 정행태, 진연 윤인선, 명심 위하나
인　　쇄 가람문화사

값 15,000원

ISBN 978-89-86214-37-6 04220
ISBN 978-89-86214-21-5 (전30권)

불조 법계보(佛祖 法系譜)

인 도

종조 석가모니 (宗祖 釋迦牟尼)

1 조 마하가섭 (摩訶迦葉)

2 조 아난타 (阿難陀)

3 조 상나화수 (商那和脩)

4 조 우바국다 (優波毱多)

5 조 제다가 (堤多迦)

6 조 미차가 (彌遮迦)

7 조 바수밀 (婆須密)

8 조 불타난제 (佛陀難堤)

9 조 복타밀다 (伏馱密多)

10조 파율습박 (波栗濕縛)

11조 부나야사 (富那夜奢)

12조 아나보리 (阿那菩堤)

13조 가비마라 (迦毗摩羅)

14조 나알라수나 (那閼羅樹那)

15조 가나제파 (迦那提波)
16조 라후라타 (羅睺羅陀)
17조 승가난제 (僧伽難提)
18조 가야사다 (迦耶舍多)
19조 구마라다 (鳩摩羅多)
20조 사야다 (闍夜多)
21조 파수반두 (婆修盤頭)
22조 마노라 (摩拏羅)
23조 학륵나 (鶴勒那)
24조 사자보리 (師子菩提)
25조 파사사다 (婆舍斯多)
26조 불여밀다 (不如密多)
27조 반야다라 (般若多羅)
28조 보리달마 (菩提達磨)

중 국

29조 이조 혜가 (2조 慧可)
30조 삼조 승찬 (3조 僧璨)
31조 사조 도신 (4조 道信)
32조 오조 홍인 (5조 弘忍)

33조 육조 혜능 (6조 慧能)
34조 남악 회양 (7조 南嶽 懷讓)
35조 마조 도일 (8조 馬祖 道一)
36조 백장 회해 (9조 百丈 懷海)
37조 황벽 희운 (10조 黃檗 希雲)
38조 임제 의현 (11조 臨濟 義玄)
39조 흥화 존장 (12조 興化 存獎)
40조 남원 혜옹 (13조 南院 慧顒)
41조 풍혈 연소 (14조 風穴 延沼)
42조 수산 성념 (15조 首山 省念)
43조 분양 선소 (16조 汾陽 善昭)
44조 자명 초원 (17조 慈明 楚圓)
45조 양기 방회 (18조 楊岐 方會)
46조 백운 수단 (19조 白雲 守端)
47조 오조 법연 (20조 五祖 法演)
48조 원오 극근 (21조 圜悟 克勤)
49조 호구 소릉 (22조 虎丘 紹隆)
50조 응암 담화 (23조 應庵 曇華)
51조 밀암 함걸 (24조 密庵 咸傑)
52조 파암 조선 (25조 破庵 祖先)
53조 무준 사범 (26조 無準 師範)
54조 설암 혜랑 (27조 雪岩 慧郎)
55조 급암 종신 (28조 及庵 宗信)
56조 석옥 청공 (29조 石屋 淸珙)

한 국

57조 태고 보우 (1조 太古 普愚)
58조 환암 혼수 (2조 幻庵 混脩)
59조 구곡 각운 (3조 龜谷 覺雲)
60조 벽계 정심 (4조 碧溪 淨心)
61조 벽송 지엄 (5조 碧松 智儼)
62조 부용 영관 (6조 芙蓉 靈觀)
63조 청허 휴정 (7조 淸虛 休靜)
64조 편양 언기 (8조 鞭羊 彦機)
65조 풍담 의심 (9조 楓潭 義諶)
66조 월담 설제 (10조 月潭 雪霽)
67조 환성 지안 (11조 喚醒 志安)
68조 호암 체정 (12조 虎巖 體淨)
69조 청봉 거안 (13조 靑峰 巨岸)
70조 율봉 청고 (14조 栗峰 靑杲)
71조 금허 법첨 (15조 錦虛 法沾)
72조 용암 혜언 (16조 龍巖 慧言)
73조 영월 봉율 (17조 詠月 奉律)
74조 만화 보선 (18조 萬化 普善)
75조 경허 성우 (19조 鏡虛 惺牛)
76조 만공 월면 (20조 滿空 月面)
77조 전강 영신 (21조 田岡 永信)
78대 대원 문재현 (22대 大圓 文載賢)

대원 문재현 선사님 인가 내역

제 1 오도송

이 몸을 끄는 놈 이 무슨 물건인가?
골똘히 생각한 지 서너 해 되던 때에
쉬이하고 불어온 솔바람 한 소리에
홀연히 대장부의 큰 일을 마치었네

무엇이 하늘이고 무엇이 땅이런가
이 몸이 청정하여 이러-히 가없어라
안팎 중간 없는 데서 이러-히 응하니
취하고 버림이란 애당초 없다네

하루 온종일 시간이 다하도록
헤아리고 분별한 그 모든 생각들이
옛 부처 낳기 전의 오묘한 소식임을
듣고서 의심 않고 믿을 이 누구인가!

此身運轉是何物
疑端汨沒三夏來
松頭吹風其一聲
忽然大事一時了

何謂靑天何謂地
當體淸淨無邊外
無內外中應如是
小分取捨全然無

一日於十有二時
悉皆思量之分別
古佛未生前消息
聞者卽信不疑誰

대원 문재현 선사님의 스승이신 전강(田岡) 대선사님께서 1962년 대구 동화사의 조실로 계실 당시 대원 문재현 선사님께서도 동화사에 함께 머무르고 계셨다.

하루는, 전강 대선사님께서 대원 선사님의 3연으로 되어 있는 제1오도송을 들어 깨달은 바는 분명하나 대개 오도송은 짧게 짓는다고 말씀하셨다. 이에 대원 선사님께서는 제1오도송을 읊은 뒤, 도솔암을 떠나 김제들을 지나다가 석양의 해와 달을 보고 문득 읊었던 제2오도송을 일러드렸다.

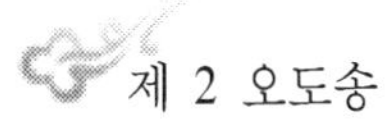

제 2 오도송

해는 서산 달은 동산 덩실하게 얹혀 있고
김제의 평야에는 가을빛이 가득하네
대천이란 이름자도 서지를 못하는데
석양의 마을길엔 사람들 오고 가네

日月兩嶺載同模
金提平野滿秋色
不立大千之名字
夕陽道路人去來

제2오도송을 들으신 전강 대선사님께서는 이에 그치지 않고 그와 같은 경지를 담은 게송을 이 자리에서 즉시 한 수 지어볼 수 있겠냐고 하셨다. 대원 선사님께서는 곧바로 다음과 같이 읊으셨다.

바위 위에는 솔바람이 있고
산 아래에는 황조가 날도다
대천도 흔적조차 없는데
달밤에 원숭이가 어지러이 우는구나

岩上在松風
山下飛黃鳥
大千無痕迹
月夜亂猿啼

전강 대선사님께서는 위 송의 앞의 두 구를 들으실 때만 해도 지긋이 눈을 감고 계시다가 뒤의 두 구를 마저 채우자 문득 눈을 뜨고 기뻐하는 빛이 역력하셨다.

그러나 전강 대선사님께서는 여기에서도 그치지 않고 다시 한 번 물으셨다.

"대중들이 자네를 산으로 불러내고 그 중에 법성(향곡 스님 법제자인 진제 스님)이 달마불식(達磨不識) 도리를 일러보라 했을 때 '드러났다'고 답했다는데, 만약에 자네가 당시의 양무제였다면 '모르오'라고 이르고 있는 달마 대사에게 어떻게 했겠는가?"

대원 선사님께서 답하셨다.

"제가 양무제였다면 '성인이라 함도 서지 못하나 이러-히 짐의 덕화와 함께 어우러짐이 더욱 좋지 않겠습니까?' 하며 달마 대사의 손을 잡아 일으켰을 것입니다."

전강 대선사님께서 탄복하며 말씀하셨다.

"어느새 그 경지에 이르렀는가?"

"이르렀다곤들 어찌 하며, 갖추었다곤들 어찌 하며, 본래라곤들 어찌 하리까? 오직 이러-할 뿐인데 말입니다."

대원 선사님께서 연이어 말씀하시자 전강 대선사님께서 이에 환희하시니 두 분이 어우러진 자리가 백아가 종자기를 만난 듯, 고수 명창 어울리듯 화기애애하셨다.

달마불식 공안에 대한 위의 문답은 내력이 있는 것이다. 전강 대선사님께서 대원 선사님을 부르기 며칠 전에, 저녁 입선 시간 중에 노장님 몇 분만이 자리에 앉아있을 뿐 자리가 텅텅 비어 있었다고 한다.

대원 선사님께서 이상히 여기고 있던 중, 밖에서 한 젊은 수좌가 대원 선사님을 불렀다. 그 수좌의 말이 스님들이 모두 윗산에 모여 기다리고 있으니 가자고 하기에 무슨 일인가 하고 따라가셨다.

그러자 그 자리에 있던 법성 스님이 보자마자 달마불식 법문을 들고 이르라고 하기에 지체없이 답하셨다.

"드러났다."

곁에 계시던 송암 스님께서 또 안수정등 법문을 들고 물으셨다.

"여기서 어떻게 살아나겠소?"

대뜸 큰소리로 이르셨다.

"안·수·정·등."

이에 좌우에 모인 스님들이 함구무언(緘口無言)인지라 대원 선사님께서는 먼저 그 자리를 떠나 내려와 버리셨다.

그 다음날 입승인 명허 스님께서 아침 공양이 끝난 자리에서 지난 밤 입선시간 중에 무단으로 자리를 비운 까닭을 묻는 대중 공사를 붙여 산 중에서 있었던 일들이 낱낱이 드러나고 말았다. 그리하여 입선시간 중에 자리를 비운 스님들은 가사 장삼을 수하고 조실인 전강 대선사님께 참회의 절을 했던 일이 있었다.

전강 대선사님께서는 이때에 대원 선사님께서 달마불식 도리에 대해 일렀던 경지를 점검하셨던 것이다.

이런 철저한 검증의 자리가 있었던 다음 날, 전강 대선사님께서 부르시기에 대원 선사님께서 가보니 주지인 월산(月山) 스님께서 모든 것이 약조된 데에서 입회해 계셨으며 전강 대선사님께서는 곧바로 다음과 같이 전법게(傳法偈)를 전해주셨다.

전 법 게

부처와 조사도 일찍이 전한 것이 아니거늘
나 또한 어찌 받았다 하며 준다 할 것인가
이 법이 2천년대에 이르러서
널리 천하 사람을 제도하리라

佛祖未曾傳
我亦何受授
此法二千年
廣度天下人

덧붙여 이 일은 월산 스님이 증인이며 2000년까지 세 사람 모두 절대 다른 사람이 알게 하거나 눈에 띄게 하지 않아야 한다고 당부하셨다.

만약 그러지 않을 시에는 대원 선사님께서 법을 펴 나가는데 장애가 있을 것이라고 예언하셨다. 또한 각별히 신변을 조심하라 하시고 월산 스님에게 명령해 대원 선사님을 동화사의 포교당인 보현사에 내려가 교화에 힘쓰게 하셨다.

대원 선사님께서 보현사로 떠나는 날, 전강 대선사님께서는 미리 적어두셨던 부송(付頌)[1]을 주셨으니 다음과 같다.

부 송

어상을 내리지 않고 이러-히 대한다 함이여
뒷날 돌아이가 구멍 없는 피리를 불리니
이로부터 불법이 천하에 가득하리라

不下御床對如是
後日石兒吹無孔
自此佛法滿天下

1) 부송(付頌) : 이때 주신 송을 헤어질 때 주신 송이라 송별송이라 이름했으나 그 내용이 대원 선사님에게 먼 미래에 이르기까지의 법을 부촉하시는 내용이어서 부송(付頌)이라고 개명한다.

위의 송의 '어상을 내리지 않고 이러-히 대한다 함이여'라는 첫째 줄 역시 내력이 있는 구절이다.

전에 대원 선사님께서 전강 대선사님을 군산 은적사에서 모시고 계실 당시 마당에서 홀연히 마주쳤을 때 다음과 같은 문답이 있었다.

전강 대선사님께서 물으셨다.

"공적(空寂)에 영지(靈知)를 이르게."

대원 선사님께서 대답하셨다.

"이러-히 스님과 대담(對談)합니다."

"영지에 공적을 이르게."

"스님과의 대담에 이러-합니다."

"어떤 것이 이러-히 대담하는 경지인가?"

"명왕(明王)은 어상(御床)을 내리지 않고 천하 일에 밝습니다."

위와 같은 문답 중에 대원 선사님께서 답하신 경지를 부송의 첫째 줄에 담으신 것이다.

전강 대선사님께서 대원 선사님을 인가(印可)하신 과정을 볼 때 한 번, 두 번, 세 번을 확인하여 철저히 점검하신 명안종사의 안목에 탄복하지 않을 수 없으며 이에 끝까지 1초의 머뭇거림도 없이 명철하셨던 대원 선사님께 찬탄하지 않을 수 없다.

그리하여 법열로 어우러진 두 분의 자리가 재현된 듯 함께 환희용약하지 않을 수 없다.

이제 전강 대선사님과 약속한 2천년대를 맞이하였으므로 여기에 전법게를 밝힌다.

이로써 경허, 만공, 전강 대선사님으로 내려온 근대 대선지식의 정법의 횃불이 이 시대에 이어져 전강 대선사님의 예언대로 불법이 천하에 가득할 것이다.

바로보인 불법 ⑩

바로보인 선문염송(禪門拈頌)

16

대원 문재현 선사 역저

책을 내면서

『선문염송(禪門拈頌)』은 『전등록(傳燈錄)』과 더불어 세계 최대의 공안집(公案集)이다. 중국에서 출간된 『경덕전등록(景德傳燈錄)』의 양억이 쓴 서문에 의하면 경덕전등록 전30권에는 1,701명의 선사님이 실려 있다.

그런데 선사님 한 분의 어록 안에 여러 공안이 실려 있으므로 전체 공안의 수는 책에 실린 선사님의 수보다 훨씬 많다고 할 것이다.

『선문염송』 역시 본 공안만 해도 1,463칙으로 이루어져 있다. 게다가 각 공안마다 많게는 수십 분, 적게는 한두 분 선사님의 법문과 송(頌)이 딸려 있고, 각 법문과 송에 또한 많은 공안도리가 숨어 있으니 그것들을 다 든다면 만 여 공안이 넘어 오히려 『전등록』의 공안 수를 훨씬 웃돌 것이라고 본다.

이러한 보배 중의 보배가 설두(雪竇) 선사님의 후신이라고 일컬어지는 고려 진각(眞覺) 국사님에 의해 완성되어 우리나라에서 초유로 간행되었으니 자랑스러운 일이라 아니할 수 없다.

『선문염송』을 보며 석가모니 부처님께서 병에 따라 약을 주시듯 근기에 따라 갖은 방편을 다하여 자유자재 수행인을 제접하신 바가 참으로 희유한 법인 공안도리를 이루게 되었다는 것에서 새삼 경외감을 느꼈다. 또한 설두 선사와 진각 국사 두 몸에 걸쳐 끝내이 공안집의 완성을 이루신 그 서원에 감동하였다.

그러하니 혼자 몸으로 이 『선문염송』의 전 공안을 번역하고 평하여 바로 보이신 스승님의 지혜와 자비, 원력에 어찌 찬탄의 말씀을 드리지 않을 수 있을까.

『선문염송』은 앞에서도 이야기했듯 우선 본칙부터 전 공안을 망라하다시피 한 방대한 양이며 이에 대해 많은 선사님들의 법문까지 결집해 놓은 터라 부처님으로부터 각 선사님들의 법 쓰시는 바를 손바닥 들여다보듯 하지 않고는 제대로 번역할 수가 없다.

그러므로 이것은 번역이 아니라 다시금 보이셨다는 말이 걸맞을 것이다.

'양구(良久)'라는 한마디도 어떻게 번역하느냐에 따라 수행인이 더욱 분명히 공안을 참구하는 계기가 되는 것이다. 선사님들이 말없이 계시는 내역을 바로 짚기란 여간 어려운 것이 아닌데 스승님께서는 이를 의로(意路)에 따라 읽어내어 '잠잠히 있다가' 혹은 '말없이 보이다가'로 번역하셨다.

또한 양구의 내역뿐 아니라 법문의 어디에 선사님들의 참 의중인 공안이 숨어있는가를 고스란히 드러내어 그 공안을 바로 참구할 수 있게끔 번역하셨으니 공안참구의 길잡이 역할을 하셨다는 것을 독자들은 바로 알아차릴 수 있을 것이다.

게다가 난해하기로 유명한 『선문염송』, 어떤 선사도 감히 전 공안에 대해 입을 벌리지는 못했는데 스승님께서는 최초로 전 공안에 취모검 휘두르기를 두려워하지 않으셨다.

한마디로 일체종지를 통달한 이가 아니고는 애시당초 엄두도 내지 못할 일을 거침없이 각 칙마다 일러가셨으니 그 통달한 지혜에 누군들 탄복하지 않을 수 있을까.

더불어 평생에 걸쳐서라도 이 공안집 30권을 바로 보이시겠다는 스승님의 원력과 노고를 잊을 수가 없다. 당신이 아니면 할 수 없는 일이라는 사명감에 국제선원을 짓는 불사와 전국의 제자를 가르치는 와중에도 1992년도부터 9년째 『선문염송』 작업을 놓지 않으셨다.

지금도 눈에 환히 떠오르는 것은 주말마다 선원에 가면 밤늦게까지 불켜진 스승님의 방, 방문을 열면 책상 앞에서 『선문염송』 작업을 하다가 고개를 들어 웃어주시며 피곤한 눈가에 맺힌 눈물을 닦아내시던 스승님의 모습이다.

하루에도 여러 번 불사현장을 오가느라 지친 몸에도 작업을 보면 떨치고 일어나 앉으셨다. 그때마다 얼마나 죄스럽고 안타까운 마음이었던가.

『바로보인 전등록』 전 30권의 완역과 더불어 이 『바로보인 선문염송』 30권의 역저로 스승님의 번개 같은 지혜와 후학자를 위한 자비의 빛이 제불보살님, 뭇 선사님들의 광휘와 더불어 스러지지 않을 것을 믿는다.

『선문염송』 30권 중 1권은 대부분 석가모니 부처님께서 보이신 공안으로 이루어져 있다. 당시에 이러한 공안도리로써 제접하셨다니 부처님께서는 시공을 초월한 분이란 것을 증명한 대목이라 아니할 수 없다.

그럼에도 불구하고 공안도리가 마치 석가모니 부처님 당대에는 없었던 조사님들만의 특별한 법인 양 말씀하시는 분들이 많은 것이 안타깝다.

조사님들이 최상승인 조사선 도리로 제창하셨다 하나 부처님과 비교하는 것은 당초에 어리석은 논의라고 본다.

부처님께서 영산회상에서 꽃 들어 보인 소식 하나만 보더라도 그러하다. 여기 어찌 조사선, 여래선을 논하랴.

꽃 들어 보임에 온통 법계라
가섭이 미소지음 흔연히 나뉨없어
이 소식 알런가
덩실 덩실 더덩실

2000년 9월 1일

진성(眞性) 윤주영(尹柱瑛)

서 문

말세가 되어 마(魔)는 강해지고 법(法)은 쇠약해져 사법(邪法)을 추구하는 사람들이 늘어나면서 사법이 무성해지고 세상이 혼란해지니 그 어느 때보다도 정법(正法)이 요구되는 시점이다. 그래서 미력하나마 감히 어둠을 밝히는 등불이 되기를 결심한 터였다.

그런데 부산에 사는 하목원님이 염송번역 본문 두어 권을 가지고 와서 '내가 보아도 번역을 이렇게 해서 되겠나 하는 대목이 많아서 가져왔습니다. 아무리 교화에 바쁘시더라도 스승님께서 틈을 내셔서 번역을 하셔야 되겠습니다.'라고 간곡히 청하여 『선문염송』 번역에 착수하게 되었다.

부처님과 조사님들의 가르침은 오직 깨달음에 뜻이 있다. 그 가르침의 진수만을 진각 국사께서 가려 결집해 놓은 것이 바로 『선문염송』이다. 이 주옥 같은 공안들을 누구나 볼 수 있어야 하는데 한문 원본으로 있거나 부처님들과 조사님들의 근본 뜻과는 먼 번역본들 뿐이니 어떠한 일이 있어도 금생에 완역을 하여 불조의 뜻을 바로 보게 하겠다는 맹세를 스스로 하게 되었다.

그러나 막상 번역에 착수하고 보니 오자는 아님에도 여러 본을 구해놓고 보아도 뜻이 통하지 않는 대문이 많았다. 그럴 때마다 국내 대형 서점을 돌아다니며 옛 한자사전 또는 대형 한자사전을 구해서 조사님 당대에는 그 글자가 어떠한 뜻으로 쓰였는가를 찾고, 그것이 위아래 뜻에 통하는가 관조하여 불조(佛祖)의 본 뜻에 어긋나지 않는 번역이 되도록 최선을 다하였다.

그러나 혹 미비한 점이 있다면 강호제현님들의 명안책언(明眼嘖言)이 있기를 바란다.

이 책이 나오기까지 편집·윤문에 진성 윤주영, 제작·교정에 도명 정행태, 진연 윤인선이 수고한 바에 깊이 감사한다.

또한 이 책을 보는 이들 모두가 성불(成佛)로 회향(回向)되기만을 빈다.

어떻게 회향할 것인가?

옥녀봉 위 흰구름 한가롭고
광암의 저수지 짙푸르다
진연아, 차 한 잔 내오렴

단기(檀紀) 4333년

불기(佛紀) 3027년

서기(西紀) 2000년

무등산인 대원 문재현
(無等山人 大圓 文載賢)

차　례

일러두기

1. 장설봉(張雪峰) 선사님께서 현토한 본을 가지고 번역하되 뜻이 통하지 않는 곳은 동국대 역경원본, 백봉(白峯) 거사본을 모두 참고하여 오자가 없고 본 공안 이치에 어김이 없도록 최선을 다하였다.

2. 위와 같이 여러 본을 두루 살펴보아도 뜻이 통하지 않는 경우에는 그 조사(祖師) 당시에 그 글자가 어떤 뜻으로 쓰였는지 옛 한자 사전을 찾아 번역하였다.

3. 특별한 일화나 선가(禪家)에서 두루 쓰였던 용례를 모르고는 번역할 수 없는 것들은, 중국의 고사성어 사전이나 일본과 중국의 최대 표제어의 선어사전(禪語辭典)에서 찾아 번역하였다.

4. 원문의 한자는 오자(誤字)가 적은 장설봉 선사님께서 현토한 본을 기본으로 입력하였으나, 고자(古字)가 많아서 입력이 어려운 경우 현대에 널리 쓰이는 동자(同字)를 취하여 입력하였다. 또한, 장설봉 현토본에도 오자가 있을 때에는 동국대 역경원본을 참고하고, 여러 중국어사전들을 두루 보아 이를 각주로 달아 후학들에게 도움이 되도록 하였다.

5. 각 칙마다 역저자인 대원 문재현 선사님의 도움말과 시송을 더하여 공안의 본 뜻을 들추어내 놓았다.

6. 제목은 본칙의 핵심이 되는 공안도리로 다시 정하였다. 그것이 마땅치 않을 때는 무엇에 대해 문답하고 있는지를 살펴서 문답의 주제나 소재를 제목으로 하였다.

614칙 누가 손을 써주겠는가

 본 칙

임제 선사가 대중에게 보이고 말하였다.

"내가 선사(先師)에게 세 차례 불법의 명확한 대의를 묻다가 세 차례 육십 방망이를 맞았을 때 쑥대로 후려치는 것 같았다. 지금 다시 한 방망이 맞고 싶은데 누가 손을 써 주겠는가?"

이때 어떤 선승이 나서서 말하였다.

"제가 손을 쓰겠습니다."

임제 선사가 주장자를 들어 선승에게 주려 하자, 선승이 받으려 하니, 임제 선사가 곧장 때렸다.

臨濟 示衆云 我於先師處 三度問佛法的的大義 三度喫六十棒 如蒿枝子拂相似 如今 更思一頓喫 誰爲吾下手 時 有僧出衆云 某甲下手 師拈棒與僧 僧擬接 師便打

᪥ 상방익 선사 송

푸른 등칡 육십 대가 쑥대와 같았으니
벼랑에 임한 범의 눈을 누가 감히 엿봤으랴
활 쏘았으나 참 범이 아니니 화살만 허비했고
도리어 어금니와 손톱에 일을 당한다면 누구를 원망하랴
임제 노장이여 그만두시오
만일에 황금털 사자였다면
승상을 집어 쓰러뜨렸으리

上方益 頌
蒼藤六十似蒿枝
虎眼臨崖孰敢窺
箭發不眞空沒羽
返遭牙爪怨他誰
林際老且放過
若是金毛師子兒
管取繩床被掀倒

◌ 지비자 선사 송

'그때의 육십 방망이가
쑥대로 때린 것 같았다' 했거늘
우습구나! 멍청한 남자여
관문의 열쇠를 알지 못하누나

知非子 頌
當時六十棒
蒿枝拂相似
堪笑杜禪和
不知關捩子

∽ 열재 거사 송

세 번 맞은 일, 생각컨대 무슨 뛰어남이 있어서
지금도 대자비를 늘 기억하고 있겠는가
가련하구나 못난 납자여
좋은 사람이라면 저를 어루만지기만 하는 사랑 않거늘

悅齋居士 頌
三頓思量有甚奇
只今常憶大慈悲
可憐賤相禪和子
不愛好人摩捋[2]伊

---

2) 장설봉 현토본에는 '[illegible]'자로 되어 있는데, '捋'와 동자(同字)이다.

☁ 설두현 선사가 이 칙을 들고 말하였다.

임제 선사가 놓아주는 곳에서 거의 위태로웠고, 거둘 때는 매우 재빨랐다.

雪竇顯 拈 林際放處較危 收來大速

ᔓ 승천종 선사가 이 칙을 들고 말하였다.

임제 종사가 일등으로 여래의 정법안장을 부축하고, 황벽의 완전한 기틀을 떨쳐 일으켜 펼치니, 마치 팔천 용사와 백만 정병을 거느리고 가장 요긴한 곳에서 작가를 기다리며 서로 만나기를 노리는 것과 같았다.

그 선승은 불러도 오지 못했기에 임제 선사는 영을 반만 시행한 셈이다.

만일 법령이 온전히 행하여졌다면 온 누리 안의 납자들이 모두 방망이를 먹어 비로소 임제 선사의 종승이 붙들어 일으켜졌을 것을.

내가 그때 그 선승이었다면 그가 방망이를 들자마자 방석을 털었을 것이다.

오히려 본분의 임제 선사가 도를 아는 이라면 반드시 밝은 창 아래 그대로 두었으리라.

承天宗 拈 林際宗師 一等是扶堅如來正法眼藏 振發斷際全機 如似領八千勇士百萬精兵 要與作家相見 這僧 旣索喚不來 林際 令行一半 若盡令而行 直須遍天地衲僧喫棒 方可扶堅林際宗乘 我當時 若作這僧 待伊拈棒 坐具便摵 盖是本分林際 若是知方漢 必然明窻下安排

◌ 법진일 선사가 이 칙을 들고 이어 설두현 선사가 이 칙을 들어 말한 것을 들고 말하였다.

무엇을 가지고 빼앗음이 매우 재빠르다 하고 있는가. 임제 선사는 부처랄 것도 없는 곳에서 높은 체하였다. 그 선승이 그때 "누가 손을 써 주겠는가?" 할 적에 선상을 치켜들어 쓰러뜨렸더라면 그 어찌 대장부가 아니었겠는가.

더 무엇을 망설이는가. 임제 선사에게 그 위에 더 다른 기틀의 가풍이 있었더라도 그를 어떻게 하지 못했으리라.

法眞一 擧此話 連擧雪竇拈 師云 說什麽收來大速 林際也只是無佛處稱尊 者僧 當時 若見他道誰爲下手 便好掀倒禪床 豈不是大丈夫漢 又擬議个[3]什麽 林際 更有機風 也奈何伊不得

3) '个'와 '介'는 동자(同字)라는 설이 있으나, '箇'자와 동자로 널리 쓰이는 글자는 '个'자이다.

⊙ 불일재 선사가 상당하여 이 칙을 들고 말하였다.

괴이하다. 상좌들이여, 대중들 가운데 누구라도 생명을 아끼지 않는 납자가 있다면 말해보라.

그때에 그런 방망이를 달게 맞았겠는가, 안 맞았겠는가? 만일 달게 여기지 않았다면 그 선승의 안목이 어디에 있는 것인가? 만일 달게 여겼다면 무엇 때문에 산 사람이 죽은 방망이를 맞았을까? 옛 사람은 그만두고 불일(佛日)은 오늘 아침에 또 그저 지나칠 수 없다.

(주장자를 집어들고 자리에서 내려와 대중을 몽땅 때려 흩어지게 하다)

佛日才 上堂擧此話云 奇怪 上座 衆中 有者般不惜身命衲僧 且道 當時 喫棒甘也無 若也不甘 其僧 眼在什麼處 若也甘 何故 將活肉 喫他死棒 古人 且置 佛日 今朝 也不得放過 拈拄杖下座 大衆 一時 打散

ꕤ 천동각 선사가 상당하여 이 칙을 들고 말하였다.

임제 선사는 득의만만하게 사람을 구했으니 소홀히 해서 실패함에 이르지 아니하였고, 그 선승은 서둘러 입을 열어서 두드림을 쉽게 만났다 하겠으나 그때에 그렇게 말하는 것을 보자마자 왜 납자의 솜씨를 베풀지 못했을까?

보고도 쓰지 못한 것, 천 년을 두고 잊지 못하리라.

天童覺 上堂擧此話云 臨際 得得求人 不到等閑落節 這僧 草草開口便見容易撞頭 當時 纔見恁麽道 何不便與衲僧手段 見之不取 千載難忘

ꕤ 삽계익 선사가 이 칙을 들고 말하였다.

비추어 활용한 기틀은 없지 않으나 임제 선사는 그래봤자 가죽 밑에 피도 없는 놈을 때렸다.

그 선승이 당초에 만약 알았었다면 그가 “누가 나를 위해 손을 써 주겠는가?” 하는 것을 보자마자 다만 “가난한 사람이 옛 빚을 생각하는구나.” 하고 그가 방망이를 잡거든 얼른 “자기가 비록 빠르다지만 다른 사람이 빠른 것은 긍정치 못할꼬.” 했다면 설사 임제 선사가 법령을 행한다 해도 굽은 것을 부러뜨려 곧은 것을 만들려는 짓이었으리라.

雪溪益 拈 照用之機 不無 林際 要且打得个皮下無血底 這僧當初若會 纔見云 誰爲某甲下手 但云 貧人 思舊債 待伊拈棒 却向道 自己雖然急 他人 未肯忙 直饒林際令行 也是拗曲作直

ᘐ 취암종 선사가 이 칙을 들고 말하였다.

말해보라. 임제 선사가 그날 쓰던 방망이가 지난 날 맞던 방망이와 같은가, 다른가?

같다 하면 황벽 선사에게 누가 되고, 다르다면 임제 선사에게 욕이 되게 하는 것이 된다.

만일 그 기틀을 가져옴을 다한다면 말해보라. 이는 누구의 분상에 있다 하겠는가?

(주장자를 집어들고)

뒤로 물러서라. 뒤로 물러서라.

翠嵓宗 拈 且道 臨濟今日用底棒 與當時喫底棒 是同 是別 若道同 辜他黃蘗 若道別 屈他臨濟 若也盡其機來 且道 在誰分上 乃拈柱杖云 退後退後

☁ 송원 선사가 상당하여 이 칙을 들고 이어 설두 선사가 이 칙을 들고 말한 것을 들고 말하였다.

(주장자를 일으켜 세우고)
임제 선사가 법령에 의거해 행했으나 황벽 선사를 저버린 줄은 몰랐고, 설두 선사는 힘을 다해 판자를 지고 날랐으나 겨우 한 쪽만을 봤다.
말해보라. 나의 말하고자 하는 바가 어디에 있는가?
(주장자를 던지다)

松源 上堂擧此話 連擧雪竇拈 師拈起柱杖云 林際據令而行 不知辜負黃蘗 雪竇 盡力擔板 也只見得一邊 且道 薦福節文 在什麽處 擲下柱杖

 대원 문재현은 이 칙을 모두 들고나서 이르노라.

당시에 이 사람이었다면 "황벽 선사의 방망이는 그렇거니와 손도 쓰지 않은 나의 방망이를 먹은 맛은 어떻소?" 했으리라.

임제 노한 방망이 먹은 도리
아침에는 죽맛이 설하고
점심에는 밥맛이 일렀네

615칙 이것도 사 왔는가?

 본 칙

임제 선사가 원주에게 물었다.

"어디서 오는가?"

원주가 대답하였다.

"읍내에 가서 좁쌀을 사 옵니다."

임제 선사가 말하였다.

"다 샀는가?"

원주가 대답하였다.

"다 샀습니다."

임제 선사가 주장자로 한 획을 긋고 말하였다.

"이것도 사 왔는가?"

원주가 할을 하자, 임제 선사가 때렸다.

다음에 전좌가 들어오니 임제 선사가 앞의 이야기를 들고 물었다. 전좌가 대답하였다.

"원주가 화상의 뜻을 몰랐습니다."

이에 임제 선사가 말하였다.

"그대는 어떻게 생각하는가?"

전좌가 절을 하자, 임제 선사가 또 때렸다.

臨濟 問院主 甚處來 主云 州中糶黃米來 師云 糶得盡麼 主云 糶得盡 師以柱杖 劃一劃云 還糶得者个麼 主便喝 師便打 次 典座至 師遂擧前話 座云 院主 不會和尚意 師云 你又作麼生 座 便禮拜 師又打

☁ 천복일 선사 송

공덕천이 흑암녀를 거느리거늘[4)]
지혜 있는 주인이 온전히 취하지 못했구나
후세의 자손이 모두가 면밀하지 못하니
광대한 강령을 바탕에 의지해 맡겼으나 누가 짊어질꼬

薦福逸 頌

4) 대반열반경(大般涅槃經) 성행품(聖行品) 에 다음과 같이 전한다. "가령 한 처녀가 어느 가정에 왔다고 하자. 그녀는 아름답고 단정하며 값진 구슬로 몸을 장식하고 있었다. 그 집 주인이 물었다. '그대 이름은 무엇이며 어디 사람이오?' 그녀가 대답했다. '나는 공덕천입니다.' 주인이 말하기를, '그대는 무엇하러 왔소?' 여인이 대답했다. '나는 어디를 가거나, 온갖 금은과 유리 수정 진주 호박 기거 마니 코끼리수레 마차수레 노비 등을 누구에게나 나누어 줄 수 있습니다.' 주인은 기뻐하면서 '나는 이 무슨 행운인가? 당신이 내 집에 오시다니!' 하고 서둘러 향을 피우고 꽃을 뿌려 공양하고 정중하게 배례했다. 이때 대문 밖에 또 한 사람의 처녀가 있었는데, 모습은 누추하고 때 묻은 헌 옷은 찢어지고 피부는 주름지고 일그러졌는가 하면 나이가 들어 혈색도 나빴다. 주인이 가서 묻기를 '그대는 이름이 무엇이며 어디서 왔소?' 했다. 처녀가 대답했다. '나는 흑암녀라고 합니다.' 주인이 '어째서 흑암녀라 부르오?' 하는 물음에 그녀는 대답했다. '나는 어디를 가거나 그 집 재산을 몽땅 탕진시켜 버릴 수 있습니다.' 주인은 이 말을 듣자 곧 칼을 손에 들고 말하기를 '당장 떠나지 않으면 그대 목숨을 없애 버리겠다.' 그녀는 대답하기를 '당신은 지혜가 없는 바보군요. 당신 집에 들어가 있는 저 처녀는 바로 내 언니입니다. 나는 언제나 언니와 함께 행동합니다. 당신이 만약 나를 쫓아 버린다면 동시에 언니도 쫓아내게 됩니다.'라고 했다."

功德天將黑暗女
有智主人具不取
後代兒孫渾莽鹵
宏綱委地憑誰擧

∽ 천동각 선사 송

임제 선사의 온전한 기틀 격조가 높으니
방망이에 눈이 있어 가을 털끝도 가린다
여우와 토끼, 쓸어내는 준엄한 가풍이여
우레불로 살라서 고기를 용으로 변화시키네
사람을 죽이는 칼과 사람을 살리는 검이여
하늘을 비추는 취모검의 희고 예리함 기이하도다
1등으로 영을 행한 재미가 특별한데
십분 아픈 곳을 이 누가 상봉할꼬

天童覺 頌
林際全機格調高
棒頭有眼辨秋毫
掃除狐兎家風峻
變化魚龍雷火燒
活人劍殺人刀
倚天照雪利吹毛
一等令行滋味別
十分痛處是誰遭

∞ 불타손 선사 송

놓고 거두기를 예사로 함이여
행인이여 길 다니기 어렵다고 말하지 말라
주장자를 비껴 메고 동서로 왕래함이여
유월의 온 하늘에 가득한 눈[雪] 차구나

佛陀遜 頌
放去收來似等閑
行人休說路行難
橫擔柱杖東西去
六月長天大雪寒

☁ 불감근 선사 송

쌀을 사온 선승의 의기가 교만해서
가볍기 봄눈 같아 스스로 가볍게 날렸구나
갓 태어난 사람을 모두 사랑함인데
힘썼으나 바람을 견디지 못해 당장에 쓰러졌네

佛鑑懃 頌
糴米闍梨意氣驕
輕如春雪自飄飄
纔方落地人皆愛
力不禁風當下銷

ꕀ 운문고 선사 송

한 무더기 붉은 불길, 푸른 하늘 찌르니
놋이니 금이니 쇠니 동이니가 상관없다
그 속에 들어가면 모두가 물이 되니
모기나 깔따구가 어떻게 머무르랴

雲門杲 頌
一堆紅焰亘晴空
不問金鍮鐵錫銅
入裏盡教成水去
那容蚊蚋泊其中

ᢀ 열재 거사 송

하나는 절을 하고 하나는 할 함이여
좁쌀 사는 것과 같거늘
원주가 용을 얻었다거나
전좌가 체를 얻었다 하랴

悅齋居士 頌
一喝一禮
同糴黃米
院主得用
典座得體

ↂ 지해일 선사가 상당하여 이 칙을 들고 말하였다.

후대의 자손들 모두가 "임제 선사가 국경을 갈라 한 손으로 쥐고 물도 새지 못하게 했다." 하였으나 임제 선사의 노파심이 간절한 줄은 전혀 알지 못했다. 여러 선덕들아, 알겠는가? 임제 선사의 한 줄기 방망이가 두 무더기의 흙을 때렸도다. 가문이 쇠퇴하니 자식을 길러도 아비만 못하다.

그대들, 보지 못했는가? 황벽을 생매장하여 산중을 어지럽혔다 하나 높은 가풍의 규율, 천고에 빛남을….

智海逸 上堂擧此話云 後代兒孫 盡謂 林際 封彊把斷 水泄不通 殊不知林際禪師老婆心切 諸德 還會麽 林際一條棒 打着兩堆土 家門立見衰 養子不及父 君不見 活埋斷際亂山中 落落風規照千古

ᨎ 장산전 선사가 이 칙을 들고 말하였다.

무슨 까닭으로 남의 마음을 요동시키는가. 원주는 글은 아나 셈을 몰랐다 하겠고, 화주는 셈은 하나 글을 몰랐다 하겠다. 다만 한 사람이라도 온통인 손을 내놓을 줄 알았더라면 무슨 일인들 판단하지 못했겠는가?

설사 임제 선사의 방망이가 더욱 높아져도 틀림없이 열 되는 한 말이다.

蔣山泉 拈 着甚來由 動他心念 院主 能書不解算 街坊 解算不能書 但知一人 出一隻手 何事不得成辨 直饒林際棒頭 更高 管取喚十升作一斗

ↀ 황룡남 선사가 상당하여 이 칙을 들고 말하였다.

할을 해도 때리고, 절을 해도 때리니, 친소가 있었는가? 친소가 없다면 임제 선사가 무턱대고 칼을 씌우거나 눈먼 방망이를 휘두르지는 않았으리라. 만일 나라면 그렇게 하지 않으리라.

원주가 할을 하니 내버려두는 것이 옳지 않아서이고, 전좌가 절을 하니 옳지 않음마저 내버려둔 것이다.

(또 말하기를)

임제 선사는 영을 시행하였고, 나는 내버려두노니 30년 뒤에 누군가가 설파하리라.

黃龍南 上堂擧此話云 喝亦打禮拜亦打 還有親疎也無 若無親疎 林際 不可盲枷瞎棒去也 若是歸宗 卽不然 寺主下喝 不可放過 典座禮拜 放過不可 又云 林際 行令 歸宗 放過 三十年後 有人說破

☁ 대위철 선사가 이 칙을 들고 말하였다.

원주는 할을 했고, 전좌는 절을 했고, 임제 선사는 영을 시행, 고금에 홀로 뛰어났도다.

大潙喆 拈 寺主下喝 典座 禮拜 林際令行 古今獨邁

ↀ 동림총 선사가 상당하여 이 칙을 들고 말하였다.

대중에서 어떤 이는 헤아리기를 "임제 선사가 누워있는 보검을 뽑아 듦에, 원주는 칼끝을 무릅쓰고 맞부딪쳤으나 일치하지 못하였으니 이로써 방망이를 맞았고, 전좌는 시기에 맞는 바를 잘 알았으나 임제 선사가 방망이로써 모두 뒤집었다." 하며, 또 어떤 이는 "임제 선사와 원주는 마치 함과 뚜껑이 맞듯 하고, 화살의 끝이 서로 맞부딪친 것 같다. 이 까닭에 방망이로 인가해준 것이다." 하며, 또 어떤 이는 "전좌는 당장에 멍청해져서 그 뜻을 잘 알지 못하므로 임제 선사가 바른 영을 시행했다." 하며, 또 어떤 이는 "이 두 대의 방망이는 모두가 귀신의 희롱이요, 평지에 사람을 빠뜨리는 짓이고, 바람 없는 곳에 파도를 일으키는 짓이다." 하니 말해보라.

이런 여러 가지 이야기에 온당한 점이 있는가? 불조의 뜻에 맞는 것이 있는가? 있거든 대중 앞에 내놓아봐라.

(잠잠히 있다가)

특별한 보배를 눈 푸른 호인(胡人)에게 돌려보낸다.

(선상을 치다)

東林惣 上堂擧此話云 衆中 有商量云 林際 橫按寶刀 寺主 不合衝冒鋒刃 以此喫棒 典座 善會機宜 林際 以棒盖覆 又道 林際與寺主

如函盖相合 若箭鋒相拄 由是 以棒印却 又道 典座 直下 顪頇 不善其旨 林際 以正令當行 又云 此兩頓棒 盡是弄精魂 平地上陷人 無風起浪 且道 此諸般之說 還有的當者麽 還契佛祖者麽 若有 試對衆指出看 良久云 別寶 須還碧眼胡 擊禪床

ꩰ 황룡신 선사가 상당하여 이 칙을 들고 말하였다.

전좌가 절함이여,
허물만 있고 공이 없다.
원주가 할함이여,
공만 있고 허물이 없다.
이미 공이 있다면 어째서 매를 맞았는가?
방망이에 눈이 있어 해와 같이 밝으니 진금(眞金)을 알려면 불 속을 보라.

黃龍新 上堂擧此話云 典座 禮拜 有過無功 院主 一喝 有功無過 旣是有功 爲什麽 被打 棒頭有眼明如日 要識眞金火裏看

 대원 문재현은 이 칙을 모두 듣고나서 이르노라.

원주나 전좌여, 옳기는 옳으나 이 가문의 사람이기는 이르다.

나르는 흰구름은 백로고
푸른 잎 밑 동백꽃 홍옥일세
이러해서 대천이 봄 무대거늘…

616칙 손과 주인이 분명하니라

 본 칙

임제 선사의 회상에서 양당의 수좌가 만나자 똑같이 할을 했는데 어떤 선승이 이 일을 들어 임제 선사에게 물었다.

"손과 주인이 있습니까, 없습니까?"

임제 선사가 대답하였다.

"손과 주인이 분명하니라."

臨濟會下 兩堂首座 一日相見 齊下一喝 有僧 擧問師 未審還有賓主也無 師云 賓主歷然

○ 섭현성 선사 송

양당의 상좌가 똑같이 할 함이여
눈먼 사람은 보아도 분별하지 못하네
모든 말에 손과 주인, 구절을 내릴 때 분명한데
무엇하러 수고로이 앞길을 점치랴

葉縣省 頌
兩堂上座齊下喝
瞽目之人無分別
凡言賓主句下分
何勞龜卜問前程

☁ 자명원 선사 송

마주 쪼아 깨뜨리는 기틀이 화살끝 맞부딪친 듯 하나
깜박 사이 손과 주인 나뉘어짐을…
종사가 중생들 가엾이 여겨 흑백을 밝힘이여
북쪽 땅, 황하는 바닥까지 흐리네

慈明圓 頌
碎啄之機箭拄鋒
瞥然賓主當時分
宗師憫物明緇素
北地黃河徹底渾

☁ 부산원 선사 송

양당의 상좌가 기틀의 예리한 기세를 펼침이여
물과 젖이 서로 만나 변통이 없음이라 하나
임제 선사의 분명하다고 한 말을 깨닫지 못했다면
별처에서 방아찧어 키를 들고 까불려라

浮山遠 頌
兩堂上座展機鋒
水乳相逢無變通
林際歷然如未曉
拈取簸箕別處春

ꩰ 부산원 선사가 다시 송하였다.

양당의 상좌가 동시에 할 했어도
눈 속의 동자에 금가루를 두름이요
송곳과 칼, 한결같은 씀이 능히 나뉨 없다 해도
칠같이 검은 곤륜이 달밤에 헤맴일세

又頌
兩堂上座齊下喝
眼裏瞳人帶金屑
錐刀同用不能分
黑柒崑崙迷夜月

☁ 해인신 선사 송

일할도 물의 흐름을 거스름이어서
손과 주인 분명타 함에도 가볍게 답할 수 없네
본인이 소식을 통하려는가
한밤중에 동쪽 바다에 돋는 해일세

海印信 頌
一喝須教水逆流
歷然賓主未輕酬
當人若要通消息
半夜扶桑出日頭

ꩲ 숭승공 선사 송

손과 주인 분명함이여
천 성현도 전하지는 못하네
하룻밤[5] 아홉 해[6]여
시절과 인연이라
어머니를 구제하여 하늘에 나게 했다면
목건련이 아닐 수가 없으리

崇勝珙 頌
賓主歷然
千聖不傳
一宿九年
時節因緣
若要救母生天
無非大目犍連

---

5) 일숙각(一宿覺). 영가 현각 대사를 말한다. 육조 대사에게 깨달음을 인증받은 문답 후 하룻밤만을 묵었다 해서 붙은 이름이다.
6) 달마 대사가 9년 동안 소림에서 면벽하였다.

☁ 운문고 선사 송

평등으로써 불평등을 알린다면
왕법에 근본적으로 친할 수 없다
임제 선사가 비록 눈이 밝으나
또한 이것도 황룡의 죽은 혼일세

雲門杲 頌
以平報不平
王法本無親
林際雖明眼
也是黃龍精

☁ 죽암규 선사 송

작가라 서로 볼 때, 철저하게 착오 없이
서로 서로 동시에 쪼음이로세
할 아래 비록 손과 주인 분명하다 했으나
어찌 보화의 요령 흔듦만 같으랴

竹庵珪 頌
作家相見終不錯
兩兩同時看碎啄
喝下雖然賓主分
爭如普化搖鈴鐸

◌ 광혜련 선사가 대중에게 보이고 이 칙을 들고 말하였다.

여러분, 말해보라. 손과 주인이 있는가, 없는가? 손과 주인이 있다면 겨우 눈먼 놈일 뿐이요, 손과 주인이 없다 하여도 역시 눈먼 놈일 뿐이요, 있지도 않고 없지도 않다고 한다면 만 리 밖의 애주(崖州)일세.

만일 이 속을 향해서 깨달았다 하더라도 좋게 서른 방망이를 주고, 이르지 못하였다 하더라도 좋게 서른 방망이를 주겠다. 납자들이 여기에 이르러 어찌해야 산승의 함정을 벗어나겠는가?

(잠잠히 있다가)

애달프다. 새우와 지렁이가 팔짝 뛰어서 33천에 올라가 수미산에 부딪치니 박살이 났다.

(주장자를 집어들고)

한 떼의 구멍 없는 쇠뭉치로구나. 빨리 물러가라. 빨리 물러가.

廣慧璉 示衆 擧此話云 諸人 且道 還有賓主也無 若道有賓主 只是个瞎漢 若道無賓主 亦是个瞎漢 不有不無 萬里崖州 若向這裏 道得也好與三十棒 若道不得 亦好與三十棒 衲僧家 到這裏 作麽生出得山僧圈樻去 良久云 苦哉 蝦蟆蚯蚓 跳勃上三十三天 撞着須彌山 百雜碎 遂拈柱杖云 一隊無孔鐵鎚 速退速退

☁ 승천종 선사가 이 칙을 들고 말하였다.

임제 선사의 이 이야기가 천하의 납자들을 망동시켰다. 나는 그렇게 하지 않으리라. 그때에 그 선승이 들어보이는 것에 이어서 다만 "한 쌍의 구멍 없는 쇠뭉치로구나." 했으리라.

承天宗 拈 林際此語 走殺天下衲僧 我卽不然 當時 見僧擧似 但云一對無孔鐵鎚

☁ 천동각 선사가 이 칙을 들고 말하였다.

살인도와 활인검이 임제 선사의 손아귀에 있다. 그러나 그때에 곧장 할을 한 번 해 주었어야 한다. 설사 그가 대단한 신통을 마음대로 부리는 이라 할지라도 같이 소리를 맞추어 상응하는 것 뿐이었으리라.

天童覺 拈 殺人刀活人劍 在林際手裏 雖然如是 當時 便與一喝 直饒他大逞神通 也秖得同聲相應

ᯅ 장산근 선사가 이 칙을 들고 말하였다.

바른 왕명이 이미 시행되었으니 제후들이 길을 피하느니라.

蔣山勤 拈 正勑旣行 諸侯避道

 대원 문재현은 이 칙을 모두 들고나서 이르노라.

임제 선사여, 임제 선사여. 옳기는 심히 옳으나 이 대원의 한 할이 필요한 것을 어찌하리오.

쇠사내가 구멍 없는 피리 부니
돌처녀 덩실덩실 추는 춤을
할과 함께 즐기는 차맛이여

617칙 지위 없는 참사람

 본 칙

임제 선사가 대중에게 보이고 말하였다.

"하나의 지위 없는 참사람[無位眞人]이 있어서 항상 여러분들의 낯 앞[面門]으로 드나든다. 증거를 잡지 못한 이는 보는 놈을 보라."

어떤 선승이 나서서 물었다.

"어떤 것이 지위 없는 참사람입니까?"

이에 임제 선사가 선상에서 내려와 멱살을 쥐고 말하였다.

"일러라. 일러."

그 선승이 망설이자, 임제 선사가 밀쳐버리고 말하였다.

"지위 없는 참사람이 무엇이냐? 마른 똥막대기니라."

(설봉 선사가 듣고 "임제 선사는 흡사 날도적 같다" 하였다)

臨濟 示衆云 有一無位眞人 常從汝等諸人面門出入 未證據者 看看時 有僧 出問 如何是無位眞人 師下禪床擒住云 道道 僧 擬議 師托開云 無位眞人 是什麼 乾屎橛(雪峯 聞云 林際 大似白拈賊)

○ 대각련 선사 송

끌어가지고 오게 했건만 증거할 곳 없어서
도리어 날도적에게 빼앗긴 격이 되었네
당당히 철위산 서쪽에 있건만
오늘까지 행인들은 손가락에만 뜻을 두네
멈추고서 고개를 들어 보라
누더기 선승아, 단단한 황금길을 만나리

大覺璉 頌
拽將來沒可據
却被白拈拖取去
堂堂禁在鐵圍西
今日行人猶指注
住住仰頭看
百衲禪僧遭錮鏴

☁ 해인신 선사 송

봄빛이 화창하여 눈 갑자기 트이니
넌지시 낚시를 드리우며 바위 끝으로 나갔네
금잉어를 만나지 못해 헛수고만 하고는
낚싯줄 거두어서 집으로 돌아갔네

海印信 頌
春色融融雪乍開
等閑垂釣出嵓隈
金鱗不遇虛勞力
收取絲綸歸去來

ꩰ 천동각 선사 송

미혹함과 깨달음이 서로 엇갈림에서 묘하게 전함 간결했네
한 번 바람에 봄이 백 가지 꽃을 터트림이요
한 번 끎에 아홉 소를 돌리는 힘일세
진흙과 모래더미 헤쳐도 열리지 않으니 어찌할 수 없구나
분명히 지칠줄 모르고 샘솟는 물을 보아 막힌 것을 끊어
홀연히 돌출하여 마음껏 흐르게 했건만

(다시 이르기를)
험!

天童覺 頌
迷悟相返妙傳而簡
春坼百花兮一吹
力回九牛兮一挽
無奈泥沙撥不開
分明塞斷甘泉眼
忽然突出肆橫流
師復云 險

∽ 법진일 선사 송

당당하여 지위 없는 하나의 참사람
들고 남이 어찌 낯 앞에만 있으랴
그림 꽃병 깨뜨려서 찾을 수 없는 곳에
그이는 본래부터 건곤을 삼켰네

法眞一 頌
堂堂無位一眞人
出入何曾在面門
打破畵瓶無覓處
渠儂本自納乾坤

ᨒ 보녕용 선사 송

흙을 까불어 먼지를 불어버린 것처럼 숨길 곳도 없거니
낯 앞으로 출입한다니 눈 녹은 뒤 한바탕 질펀한 모습일세
똥오줌 뿌리기를 모두 쓸데없이 일삼는다 해도
가없거늘 뉘라서 악취니 향기니를 가리기나 하랴

保寧勇 頌
簸土颺塵沒處藏
面門出入大郎當
撒屎撒尿渾閑事
浩浩誰分臭與香

ꕥ 삽계익 선사 송

눈썹은 비껴있고 코는 섰고 눈자위 검다
잡았다 하면 원래가 귀노(鬼奴)일세
마른 똥막대기란 것마저 던져버려 모두 상관없으니
본 사람이면 오히려 자신의 얼굴이라 할 것도 없으리

雪溪益 頌
眉橫鼻直眼睛烏
擒住元來是鬼奴
屎橛抛來渾不管
看人猶自面模糊

ꕥ 경산고 선사 송

뒤통수와 빰을 보라, 시골 중이여
꿈을 지을 건가, 눈을 크게 뜰진저
비록 늙은 쥐를 쫓아 얻으려 했으나
한 방망이에 기름독만 깸일세

徑山杲 頌
腦後見腮村僧
大開眼了作夢
雖然趂得老鼠
一棒打破油甕

☁ 죽암규 선사 송

낯 앞에 드나드는 것, 보기가 어렵다지만
지위 없는 참사람이 지척에 있느니라
가는 길에 한 몸이 낙엽같이 가볍고
높은 이름 천고에 무겁기 태산일세

竹庵珪 頌
面門出入見還難
無位眞人咫尺間
去路一身輕似葉
高名千古重如山

ꩠ 지비자 선사 송

스스로 부르고 스스로 대꾸한 주인 영감이여
혼에 희롱될 줄만 알았지 이것을 통달하진 못했구나
지위 없는 참사람이 고깃덩이 위에서
언제나 낯 앞에 출입한다 하다니

知非子 頌
自呼自應主人翁
解弄精魂未是通
無位眞人肉團上
尋常出入面門中

ꕤ 설두현 선사가 이 칙을 들고 이어 설봉 선사가 이 칙을 들어 말한 것을 겸하여 들고 말하였다.

도적질을 잘 하는 이는 귀신도 알지 못하게 해야 하는데 이미 설봉 선사에게 엿보여 간파당했으니, 임제 선사는 능숙한 솜씨가 아니로다.

(다시 대중을 부르고)

설두가 오늘 여러분의 눈동자를 바꾸어 주었는데 그대들이 믿어지지 않거든 제각기 방에 돌아가서 스스로 더듬어 찾아보라.

雪竇顯 擧此話 兼擧雪峯拈 師云 夫善竊者 神鬼莫知 旣被雪峯覰破 林際 未是好手 復召大衆 雪竇今日 換你諸人眼睛了也 你若不信 各歸寮舍 自摸㨾看

☁ 낭야각 선사가 이 칙을 들고 말하였다.

임제 선사는 가위 얼음을 능가하는 법도로 아홉 번 심문하는 것보다 더하였고, 칼날 위에서도 온전한 몸이었네.

瑯琊覺 拈 林際 可謂冰凌上度過九鞠 劍刃上拾得全身

ꩠ 천장초 선사가 상당하여 이 칙을 들고 말하였다.

임제 노장이 진흙에 빠지고 물에 빠져 한평생 사람들을 위하여 힘써 베풀었으나 한 가지를 놓쳤다. 만일 본분 납자의 안목에 의하여 점검한다면 허물이 없을 수 없다.

보지 못했는가? 옛 사람이 "설사 본래 한 물건도 없다." 했을지라도 그의 바리때나 바랑이 없어져서가 아니거늘 무슨 지위 있음과 지위 없음과 참과 참 아님을 말하겠는가.

비록 그러나 납자들 집안 분들이 기틀에 임해 놓았다 뺏었다 함에 칠통팔달해서 또 본에 의해 한결같이 고양이새끼를 그리듯 말아야 한다.

그 선승이 만일 천장에게 "어떤 것이 지위 없는 참사람인가?" 한다면 천장은 등줄기를 갑자기 때리리라. 갑자기 움직여 구름[轉]이 있었다면 그 선승이 임제 선사의 손아귀에 죽는 꼴을 보는 것을 면할 수가 있었을 것을….

그러나 말해보라. 임제 선사가 그 선승을 붙잡았던 것과 천장이 그 선승을 때린 일이 거리가 얼마인가?

(잠잠히 있다가)

원앙 수는 마음대로 보라. 하지만 금바늘은 남에게 줄 수 없느니라.

天章楚 上堂擧此話云 林際老漢 沒泥沒水 一期垂手爲人則放過一着 若據本分宗眼 點檢來也 不得無過 不見 他古人 道 直饒道本來無一物 猶未銷得他鉢帒子 更說什麽有位無位眞與不眞 然雖如是 衲僧家流 臨機縱奪 七通八達 又不可一向依様畵猫兒 者僧若問天章 如何是無位眞人 天章 劈脊便打 忽有个動轉 免見者僧 死在林際手中 雖然恁麽 且道 林際把住這僧 與天章便打 相去幾何 良久云 鴛鴦綉了從教看 莫把金針度與人

ꩰ 백운병 선사가 이 칙을 들고 말하였다.

마주 보면서 들어 제창하고 몸을 뉘어 짊어졌다.

놓아버린 곳이여, 금성옥진[7]이요,

잡아 멈춘 곳이여, 초언풍행[8]일세.

그 선승이 만일 전광석화처럼 온통인 눈[9]을 깨쳤더라면 임제 선사와 만났을 때, 선수를 빼앗기지는 않았으리라.

알겠는가? 전부터 의기가 많은 것을 수상히 생각하지 말라. 그는 일찍이 높은 관문을 밟았었느니라.

白雲昺 拈 覿面稱提 横身荷擔 放行處 金聲玉振 把住處 草偃風行 者僧 若向電光石火處 着得一隻眼 與林際 相見去 未必輸他先手 還會麼 莫怪從前多意氣 他家曾踏上頭關

---

7) 금성옥진(金聲玉振) : '금성'은 종(鐘)소리. '옥진'은 경(磬)소리. 8음을 합주할 때 맨 처음 종을 쳐서 그 소리를 헤치고, 맨 끝에 경을 쳐서 그 음을 거두어들여 음악을 끝낸다. 시종(始終)을 온전히 하여 지덕을 겸비하고 있음을 비유한다.

8) 초언풍행(草偃風行) : 초언풍종(草偃風從)과 같다. 풀이 바람에 쓸린다는 뜻으로, '임금의 덕이 백성을 감화함'을 비유하여 이르는 말이다.

9) 온통인 눈 : 원문에 '일척안(一隻眼)'이라고 되어 있다. 정문안(頂門眼). 정안(正眼). 명안(明眼)과 같다. 그러나 때로는 한쪽 눈이라는 의미로 쓰인다.

☁ 공수 화상이 이 칙을 들고 이어 설두 선사가 이 칙을 들어 말한 것을 들고 말하였다.

설두 선사는 남의 눈알을 바꿀 줄만 알았고, 콧구멍을 잃는 줄은 몰랐다. 설봉 선사는 비록 임제 선사의 실패를 잘 잡아내기는 했으나 지위 없는 참사람을 지나쳤음을 어찌하랴? 지금 지위 없는 참사람을 보고자 하는가?

(말없이 보이다가)

악!

악!

空叟和尙 拈 擧此話 連擧雪竇拈 師云 雪竇 只知換人眼睛 不知打失了鼻孔 雪峯 善能捉敗臨濟 爭奈蹉過無位眞人 如今 要見無位眞人麽 良久喝一喝

 대원 문재현은 이 칙을 모두 들고나서 이르노라.

임제 선사, 팔대독자 어미의 자비 다한 것은 알겠으나 만신창이가 되었음을 어찌하리.

강화도의 탱자나무 보호수고
제주도선 감귤나무 베어내네
임제시여, 선승이여, 차나 드오

618칙 때려 보이다

 본 칙

임제 선사가 어떤 신승에게 “어디서 오는가?”라고 물으니 선승이 할을 하였고 임제 선사가 읍을 하고 앉았다. 이에 선승이 머뭇머뭇하자, 임제 선사가 때렸다.

또 다른 선승이 오는 것을 보고 불자를 일으켜 세웠는데, 선승이 절을 하자, 임제 선사가 때렸다.

또 다른 선승이 오는 것을 보고 불자를 일으켜 세웠는데, 선승이 돌아보지도 않자, 임제 선사가 때렸다.

臨濟 問僧 什麽處來 僧 便喝 師便揖坐 僧 擬議 師便打 又見一僧來 師豎起拂子 僧 禮拜 師便打 又見一僧來 便擧起拂子 僧 不顧 師便打

꩜ 대각련 선사 송

능숙한 장인은 불모[10]와 금(金)을 가리고
단련하는 재주로 세상의 규칙을 모두 없애네
한 점마저 타다 남은 것 죄다 태워버림을 따라 없어지면
그때에 뉘라야 이 총림에서 만족할꼬

大覺璉 頌
良工須辨不毛金
爐冶才烹盡罕禁
一點已隨灰燼去
當年誰是飽叢林

10) 불모(不毛) : 오곡이 나지 않는 땅.

◌ 경산고 선사 송

오월 오일 오시(午時)[11]에 글을 쓰니
붉은 입, 혀의 독에 모두 없어졌네
다시 도를 더해가며 곧바로 법령대로 시행하니[12]
문 위에 거미 그릴 것도 없다

徑山杲 頌
五月五日午時書
赤口毒舌盡消除
更饒急急如律令
不須門上畵蜘蛛

---

11) 단오절. 이때 천체가 중앙에 놓여 우주의 모든 기운이 합쳐지고 가장 풍성할 때이다. 천지만물이 가장 역동적으로 살아 움직이는 때이다. 또 한편으로는 비가 많이 와서 나쁜 병이 많이 유행하기 쉬운 시기로 접어드는 때여서 여러 가지 액을 제거해야 하는 달로 여기기도 하였다. 이에 따라 여러 가지 풍습으로 예방조치를 하였다.

12) 원문에 '급급여율령(急急如律令)'이라고 되어 있다. 이 말은 두 가지로 쓰이는데 첫 번째로는, 진언의 끝에 소원하는 일이 빨리 성취되라고 축원하는 부분으로 쓰이고, 두 번째로는 곧바로 법령대로 시행하라는 공문서 말미에 첨부하는 문구로 쓰였다. 후에 민간에서 주문의 마지막에 매듭짓는 말로 사용되었다.

☁ 죽암규 선사 송

주인이건 손이건 모두가 제3기틀에 떨어짐이니
진을 치고 깃발을 올렸으나 펼친 바가 못됐다
돌 부딪친 빛 속에서 승부를 가르고
무쇠말 거꾸로 타고 수미산에 오른다

竹庵珪 頌
主賓都落第三機
陣陣開旗不展旗
石火光中分勝負
倒騎鐵馬上須彌

◌ 송원 선사 송

번쩍이는 번갯빛 속에서 손과 주인 가르고
허공의 등 위에서 강종(綱宗)을 세운다
조사의 살리는 방편이 이와 같으니
후대의 자손들 바탕이 공했다는 것마저 쓸어버리리

松源 頌
閃電光中賓主分
虛空背上立綱宗
祖師活計只如此
後代兒孫掃地空

ᦶ 선대각 선사가 이 칙에서 '돌아보지도 않자 때렸다.' 한 곳을 들고 이어 운문언 선사가 대신 말하기를 "이것은 노한이 마땅히 할 바일세." (어떤 책에는 "노장을 의심한다." 하였다) 한 것을 들고 말하였다.

옳기는 옳으나 아직 임제 선사의 기틀은 보지 못하였다.

先大覺 擧此話 至不顧便打 連擧雲門偃代云 只宜(一本疑)老漢 師云 得卽得 猶未見臨際機在

ꕤ 대홍은 선사가 이 칙을 들고 말하였다.

하늘에 기댄 긴 검이 건곤을 진압하여 척척 들어맞았다 하나 사리를 깨닫건 깨닫지 못하건 간에 모두 몸을 상하고 목숨을 잃음을 면할 수 없으리라.
(주장자를 번쩍 집어들고 높이 들어 한 번 내리치자, 대중이 망설이매 선사가 때렸다)

大洪恩 拈 倚天長釰 鎭定乾坤 築着磕着 搆得搆不得 俱不免喪身失命 驀拈起拄杖 卓一下 大衆 擬議 師便打

ᨐ 취암지 선사가 '임제 선사가 선승에게 물어 선승이 머뭇거리니 때렸다.' 한 것을 들고 말하였다.

임제 선사는 거친 마음으로 도박을 좋아했고, 의뢰한 이는 그 선승일세. 만일 요즘의 납자라면 어떻게 벗어났을꼬?
(또 다른 선승이 물은 것으로부터 절을 하니 때린 곳까지를 들고 말하기를)
그 선승이 길이 있어도 말하지 못했으니, 죽어도 조상할 이마저 없겠네. 어떻게 알아야 하는가? 지금 어떻게 해야 그 선승의 숨을 틔워주겠는가?

翠嵓芝 擧臨際問僧 至擬議 際便打 師云 臨際也麤心好彩 賴是這僧 若是今時衲僧 且作麼生出得 又擧一僧 至禮拜 便打 師云 這僧 有理不伸 死而不弔 作麼生會 如今 作麼生與這僧出氣

ꕥ 육왕심 선사가 소참 때에 이 칙을 들고 말하였다.

이 세 선승 가운데 하나는 너무 지나치고 하나는 미치지 못하고 하나는 위로 짝하기에는 모자라고 아래로 짝하기에는 남는 줄 알아야 한다.

그러므로 임제 선사가 어디서는 온누리에 꽃을 피우고, 어디서는 방울물이 방울로 얼게 하듯 하고, 어디서는 간곡하게 맡겨서 일으켰기에, 그 불자가 사람을 죽이기도 하고, 사람을 살리기도 하고, 사람을 홀리기도 하고, 사람을 깨우치기도 하며, 때로는 미혹 가운데 깨달음을 보이고, 때로는 깨달음 가운데의 미혹을 보이며, 때로는 미혹과 깨달음을 동시에 거두고, 때로는 미혹과 깨달음을 동시에 놓게 하는 것임을 마땅히 알아야 한다.

이렇게 깨달아보면 어찌 임제 선사가 상과 벌에 분명했다고만 하랴. 또한 산승 역시 오늘 밤 허물이 없다 하랴. 만약 이러하지 못하다면 나를 비웃는 이는 많고, 빙그레 웃을 이는 적으리라.

育王諶 小叅 擧此話云 須知這三僧中 一人大過 一人 不及 一人 匹上不足 匹下有餘 所以 林際有處 匝地花開 有處滴水滴凍 有處 事因叮囑起 當知這拂子 亦能殺人 亦能活人 亦能迷人 亦能悟人 有時 迷中示悟 有時 悟處示迷 有時 迷悟雙收 有時 迷悟雙放 恁麽見得 豈唯林際賞罰 分明 抑亦山僧 今夜 無過 若不如是 笑我者多 哂我者小

 대원 문재현은 이 칙을 모두 들고나서 이르노라.

번갯불로 쌀 가운데 돌 가린 이라. 상과 벌에도 그러하나 자신이 추해짐은 몰랐다.

고양이 양지에 딩굴고
매화 이미 향기를 뿜는다
진성아, 차 한잔 들자꾸나

619칙 손과 주인의 법문

 본 칙

임제 선사가 상당하니 어떤 선승이 나와서 절을 하자, 임제 선사가 할을 하였다.

이에 선승이 말하였다.

"노화상은 슬쩍 속을 떠보기를 즐기지 마십시오."

임제 선사가 말하였다.

"뜻이 무엇인가?"

선승이 할을 하였다.

또 어떤 선승이 물었다.

"어떤 것이 불법의 대의입니까?"

임제 선사가 할을 하니, 선승이 절을 하자, 임제 선사가 말하였다.

"그대 말해보라. 좋은 할이냐, 아니냐?"

선승이 말하였다.

"좀도적이 크게 패망했습니다."

임제 선사가 말하였다.

"허물이 어디에 있는가?"

선승이 대답하였다.

"다시 범하면 용납하지 않습니다."

임제 선사가 말하였다.

"대중이여! 임제의 손과 주인의 법문을 알고자 하거든 방 안의 두 선객에게 물으라."

臨濟 上堂 僧 出禮拜 師便喝 僧云 者老和尙 莫探頭好 師云 落在什麽處 僧 便喝 又僧問 如何是佛法大意 師便喝 僧 禮拜 師云 你道好喝也無 僧云 草賊 大敗 師云 過在什麽處 僧云 再犯不容 師云 大衆 要會林際賓主句 問取堂中二禪客

☁ 지해일 선사 송

임제 선사의 손과 주인의 법문이여
주인과 손을 바꾸기 어렵다 하나
아까부터 두 선객에게
대중이 잘 보였도다

智海逸 頌
臨際賓主句
主賓互換難
適來二禪客
大衆好生觀

☁ 숭승공 선사 송

임제 선사의 손과 주인의 법문은
문답할 때 이미 서로 거꾸러진 것일세
이 법의 지위는 견줄 바 없어서
세간에 항상 있다네
범의 휘파람에 찬바람 나고
용의 노래에 구름과 안개 이는도다
꽉 막힌 납자여 밝히지 못하겠거든
어지러이 주나 달지 말라

崇勝珙 頌
林際賓主句
問荅須相赴
不比是法位
世間相常住
虎嘯生風寒
龍吟起雲霧
杜禪如未明
不得亂指注

ꕀ 낭야각 선사가 이 칙을 들고 말하였다.

순금은 불에 들어가야 하느니라.

瑯瑘覺 拈 眞金 須入火

ↀ 죽암규 선사가 이 칙에서 선승이 할을 했다는 곳까지 들고 말하였다.

예의를 아는 이로다.

竹庵珪 擧此話 至僧便喝 師云 可知禮也

 대원 문재현은 이 칙을 모두 들고나서 이르노라.

옳기는 심히 옳으나 임제 선사여, 용두사미 꼴임을 어쩌랴.

진눈깨비 휘날리는 장관 속에
철마(鐵馬)는 다리 위를 달리고
철손님, 기러기떼 붐비네

620칙 집안에 항상 있는 것

 본 칙

임제 선사가 바리때를 들고 어떤 노파의 집 문 앞에 가서 말하였다.

"집안에 항상 있는 것[13)]으로 바리때에 채워주시오."

노파가 문을 열고 말하였다.

"심히 만족할 줄 모르는 이로구나."

임제 선사가 말하였다.

"밥도 아직 얻지 못했거늘 어찌 만족할 줄 모르는 이라 하여 사람을 꾸짖는가."

노파가 문을 닫아버렸다.

臨濟 持鉢 到一婆子門前云 家常添鉢 婆子開門云 大無猒生 師云 飯猶未曾得 何責人無猒 婆子閉却門

---

13) 원문에 '가상(家常)'이라고 되어 있다. 이것은 집안의 일상의 것. 언제나 있는 물건을 말한다. 혹은 흔히 있는 일을 말하기도 한다.

ꩰ 열재 거사 송

집안에 항상 있는 것으로 '바리때'에 채우라는데 심히 만족할 줄 모른다 함이여
쓴 외를 제멋대로 단 외라 부름일세
나에게는 한 푼이라도 구걸하기를 그만두라
똥 위에 다시 더할 것이 없느니

悅齋居士 頌
家常添鉢大無厭
苦瓠從他喚作甛
乞我一文休去也
不須屎上更加尖

☁ 불일재 선사가 이 칙을 들고 말하였다.

노파의 기지가 비록 종횡무진했으나, 자기를 해쳤다. 임제 선사는 마땅치 않은 때에 나서서 이 사람을 만나 뒤엎어져 궁중 밖에 있게 되었다.

만일 임제 선사의 입을 막으려면 얼른 그에게 밥이나 주었어야 했다.

佛日才 拈 婆子雖然機智縱橫 也是自損 林際 出不當時 遇着此人 翻在閫外 若要林際口閉 直須將飯與伊

 대원 문재현은 이 칙을 모두 들고나서 이르노라.

장군 멍군 막상막하라 하겠으나, 두 분 모두 진흙탕 싸움을 면치 못했다.

형상이 있거나 형상이 없거나
어느 것이 집안의 물건이 아니던고?
임제선사여 조용히 밥이나 빌 것이지

621칙 칼날 위의 일

 본 칙

임제 선사에게 어떤 선승이 물었다.
"어떤 것이 칼날 위의 일입니까?"
임제 선사가 대답하였다.
"재앙이다. 재앙."
선승이 머뭇머뭇하자, 임제 선사가 때렸다.

臨濟 因僧問 如何是劒刃上事 師云 禍事禍事 僧擬議 師便打

☁ 투자청 선사 송

갑 속의 감춰두었던 칼, 차가움에 사람이 얼도록 핍박함이여
헤아려 물으려 하면 늦어 벌써 영남을 지났네
다시 더 앞으로 나가거나 뒤로 물러서려 한다면
천고의 깊은 골짜기를 두르고 부는 바람 스산하다 하리

投子青 頌
劒藏匣冷逼人寒
擬問栖遲過嶺南
更欲進前求退後
悲風千古遶溪潭

 대원 문재현은 이 칙을 모두 들고나서 이르노라.

묻고 답함에 있어서 수기설법이라야 한다 했다.

어떤 이가 나에게 "어떤 것이 칼날 위의 일입니까?" 하면 "칼날 위의 일이다. 칼날 위의 일."이라 해서 알아채지 못하고 머뭇거리면 "이 흙덩이나 쫓는 얼간아." 해서 쉽게 살피게 했을 것이다.

어떤 이는 뱀에 먹히는 소리에
어떤 이는 돌 부딪친 소리에
한나라 개 면했다고 하였네

622칙 어느 것이 진짜 눈인가

 본 칙

임제 선사가 법상에 오르니 마곡 선사가 물었다.

"대비(관음)의 천 개 손과 눈 가운데 어느 것이 진짜 눈인가?"

임제 선사가 다시 물었다.

"대비(관음)의 천 개 손과 눈 가운데 어느 것이 진짜 눈인가? 속히 말하시오. 속히 말해."

이에 마곡 선사가 임제 선사를 끌어내리고 앉자, 임제 선사가 돌아서면서 말하였다.

"잘 모르겠군요."

마곡 선사가 뭐라 하려 하자 임제 선사가 마곡 선사를 끌어내리고 다시 자리에 앉으니 마곡 선사가 나가버렸다.

(어떤 책에는 "십이면 관세음 가운데 어느 것이 진짜 얼굴인가?" 하였다)

臨濟 陞座 麻谷 問 大悲千手眼 那个是正眼 師云 大悲千手眼 那个

是正眼 速道速道 谷 拽師下座 却自坐 師廻身云不審 谷 擬議 師却拽谷下座 復坐 谷 便出去(一本云 十二面觀音 那个是正面)

☁ 장산전 선사 송

멀리 길 중간에서 다투다가
가까이 일각에 드러냈네
장차 후백(猴白)인가 했더니
다시 후흑(猴黑)이 있도다
바른 눈이라면 이제까지 누가 보았다 할꼬
백운(白雲)이 천 봉우리의 빛을 가린다

蔣山泉 頌
遠爭半程
近較一刻
將謂猴白
更有猴黑
正眼從來誰得見
白雲鏁斷千峯色

꩜ 해인신 선사 송

대비의 바른 눈을 묻는 질문의 핵심이여
주고받는 기틀을 자세히 보라
알았다 하여도 얼굴이 큰 양판만한 짓이니
메기가 잇달아 장대 위에 오르려는 것 같으니라[14)]

海印信 頌
大悲正眼問來端
互換之機字細看
便會得亦顢頇
也似鮎魚上竹竿

14) 메기는 장대낚시로 잡는다. 장대는 메기를 잡는 도구이다.

○ 보녕용 선사 송

여러 해를 성채 안에서 이름만 듣다가
오늘에야 진 앞에서 직접 보았네
필마와 단창으로 수차례 싸우다가
좋은 기회 보아서 한 화살을 쏘았네

保寧勇 頌
多年塞上秖聞名
今日陣前親見面
匹馬單鎗戰數場
好是見機開一箭

☁ 숭승공 선사 송

법 싸움엔 원래부터 스승께도 사양함이 없었으니
뛰어나도다 종장(宗匠)은 귀환할 때를 알았네
전부터 현(玄) 속의 묘(妙)함을 믿었으나
이를 대함으로 비로소 세세함 속의 정묘함을 알았네
세세함 속의 정묘함이여
벽돌 갈듯 했으나 추하고 아름다운 일로 나뉠 곳이 어디랴
청산이 한없이 좋다고만 말을 말라
깊은 산에 사는 새 목놓아 불여귀를 외친다[15]

崇勝珙 頌
爭法從來不讓師　奇哉宗匠解輪機
從前肯信玄中妙　對此方知細裏微
細裏微　磨甎何處辨姸媸
勿謂靑山無限好　幽禽剛道不如歸

15) 중국 촉나라의 망제가 왕위를 빼앗기고 내쫓겨 타국에서 울다 지쳐 죽었는데, 죽은 망제의 혼이 새가 되었다는 설화가 있다. 이 새는 귀촉도라고 불리며 목구멍에서 피가 나도록 '불여귀'를 외치며 운다고 한다.

ꩰ 운문고 선사 송

어둠을 물리친 명명백백한 한 수여
끌어오고 끌고가며 서로가 드러내 보였네
모르겠네, 왕유[16]의 솜씨를 제외하고는
다시 누가 있어 그려낼소냐

雲門杲 頌
昧却當陽个一着
牽來拽去互施呈
不知除却王維手
更有何人畵得成

16) 왕유(王維) : 중국 당(唐)의 시인이자 화가로서 자연을 소재로 한 서정시에 뛰어나 '시불(詩佛)'이라고 불리며, 수묵(水墨) 산수화에도 뛰어나 남종문인화의 창시자로 평가를 받는다.

◌ 죽암규 선사 송

대비관음이 진짜 얼굴 드러냄은
관(官)으로는 바늘도 용납치 않으나 한 길로 통했네
쥐는 호리병박을 끌기에 바쁘고
귀신과 눈먼 자가 다툴 때엔 볼 수 있는 사람이 없다

竹庵珪 頌
大悲觀音開正面
官不容針通一線
鼠拽葫蘆有底忙
鬼爭柒桶無人見

ᨖ 달관영 선사가 이 칙을 들고 말하였다.

여러 선덕들이여, 이 두 존숙의 이런 일에 대해 말해보라. 어떻게 생각하는가? 요즘 사람들이 모두가 '비치고 씀이라.' 하니 무엇을 비췄단 말인가?

모든 사람들이 단지 자신의 말을 타고 가서 도적을 붙잡고, 자기가 가지고 간 칼로 도적을 죽일 줄만 알거니와 이 두 사람은 능히 도적의 말을 빼앗고 도적을 잡으며, 도적의 칼을 빼앗아서 도적을 죽인다. 그러나 임제 선사가 편의를 얻기는 했어도 도리어 편의에 떨어졌느니라.

達觀穎 拈 諸禪德 此二尊宿如此 且道 作生 今時人 惣道 照用 照什麽 一切人 只解自騎馬去 捉賊 自持刀去 殺賊 此二人 便能奪賊馬捉賊 奪賊刀殺賊 雖然如是 林際 雖是得便宜 却是落便宜

☁ 대홍은 선사가 이 칙을 들고 말하였다.

이 두 노사가 미치광이 짓거리를 하니, 무슨 함께 이야기할 것이 있으랴. 대홍이 당시에 보았더라면 복숭아나무 방망이로 일시에 때려 쫓아서 후세의 사람들이 마귀에 홀리는 일이 없게 했으리라.

大洪恩 拈 二老師 掣風掣顚 有什麽共語處 大洪 當時 若見 以桃棒 一時打散 免致向後魔魅人家男女

 대원 문재현은 이 칙을 모두 들고나서 이르노라.

당시에 마곡 선사는 "잘 쓰고 있구나." 했으면 될 것을 구구했다. 이 사람이라면 다음과 같이 이르리라.

임제여, 진짜는 묻잖으니
어느 것이 가짜의 손인가?
지체 없이 이르시오, 일러 봐

623칙 이 한 방의 선승들

본 칙

임제 선사에게 왕상시가 찾아왔던 길에 함께 승당에 들어가 보았는데, 왕상시가 물었다.

"이 한 방의 선승들이 경을 봅니까?"

임제 선사가 대답하였다.

"경을 보지 않소."

왕상시가 다시 물었다.

"좌선을 하는가요?"

임제 선사가 대답하였다.

"좌선도 하지 않소."

왕상시가 다시 물었다.

"애초부터 좌선도 하지 않고, 경도 보지 않는다면 무엇을 합니까?"

임제 선사가 대답하였다.

"모두가 부처나 조사가 되도록 가르치고 있소."

이에 왕상시가 말하였다.

“금 부스러기가 비록 귀하기는 하나, 눈에 들어가면 병이 됩니다.”

임제 선사가 말하였다.

“나는 그대를 속인이라고 여겼었소.”

臨濟 因王常侍來訪 師同入僧堂內看 侍云 者一堂僧 還看經否 師云 不看經 侍云 還坐禪否 師云 不坐禪 侍云 旣不坐禪 又不看經 作个什麽 師云 惣敎伊成佛作祖去 侍云 金屑 雖貴 落眼成翳 師云 將謂你俗漢

ꩠ 투자 선사가 특별히 말하였다.

관인은 어찌하여 귀만 소중히 여기고 눈은 천히 여겼을까?

投子 別 官人 何得貴耳賤目

경청 선사가 대신 말하였다.

요즘은 벽돌을 던져서 옥을 얻었소.

鏡清 代 比來抛塼引玉

ꕀ 위산철 선사가 말하였다.

왕상시는 가위 유가의 군자요, 선문의 훌륭한 종장이다.
만일 지혜의 거울로 면밀히 밝히지 못했다면 어떻게 시비를 빼어나게 초월하였으리오.

潙山喆 云 王常侍 可謂儒門君子 禪門良匠 若非智鑑精明 爭得是非穎脫

ꕥ 삽계익 선사가 이 칙을 들고 말하였다.

가엾은 임제 선사가 속인의 감파를 당했다. 그러나 왕상시의 복두건도 임제 선사에 의해 벗겨지는 것을 면치 못했다.

雪溪益 拈 大小林際 被个俗子勘破 雖然如是 王常侍幞頭 不免被林際捋下

ᯅ 운문고 선사가 상당하여 이 칙을 들고 말하였다.

임제 노장이 한 자루의 금강왕 보검을 잡고 기개가 우주를 찌를 듯이 천하를 누비더니 그 관리가 가볍고 가볍게 한 번 건드림에 당장에 얼음이 녹듯 기왓장이 무너지듯 하였다.

말해보라. 그 관리에게 무슨 장점이 있는가? 나의 게송 하나를 들으라.

세간과 출세간의 희유한 일은
모름지기 한계를 초월한 사람이라야 드러내네
곤룡포나 깁고 국이나 조리하는 솜씨 가지고야
여래의 바른 법을 일으켜 굴릴 수 있으랴

雲門杲 上堂擧此話云 臨濟老漢 握一柄金剛王寶釰 氣衝宇宙 天下橫行 等閑被這官人輕輕一拶 便見冰消瓦解 且道 這官人 有什長處 聽取一頌

世出世間稀有事
顯發須憑過量人
只將補衮調羹手
撥轉如來正法輪

ↂ 송원 선사가 상당하여 이 칙을 들고 말하였다.

한 수, 또 한 수 높아짐에 한 걸음, 또 한 걸음 멀어짐이라.
눈 밝은 사람 앞엔 돌아다니는 길거리에도 널리 깔렸거늘
봉황은 오동나무에만 깃들어 있는 것이 아니다[17]

松源 上堂擧此話云 一着高一着 一步闊一步 明眼人前 猶涉路布 鳳栖不在梧桐樹

17) 전설의 새 봉황은 오동나무에 내려앉아 대나무 열매만 먹는다고 한다. 이 때문에 사람들이 뜰에 오동나무를 심고 거기에 봉황이 깃들어 행운을 가져다주기를 바랬다.

☁ 개암붕 선사가 상당하여 이 칙을 들고 말하였다.

임제 선사가 평상시엔 한 줄기 등뼈가 무쇠같이 굳어서 부처가 와도 들어가지 못하고 조사가 와도 들어가지 못하게 하여, 마치 한 무더기의 불더미 같더니, 어찌하여 왕상시가 건드리자마자 선뜻 담으로 기어 올라갔을까?

뒷말들이 없었다면 거의 도적의 소굴이 쳐부숴질 뻔하였다.

말해보라. 그 관리에게 무슨 장한 곳이 있는가? 게송으로 말하리니 들어보라.

당당하게 재관(宰官)의 몸을 나투어 보임이여
가죽에 피도 있고 눈에 힘줄도 있다네
대각(大覺)의 마당 안에 법 싸움이 익숙하여
번갯불 그림자 속에서도 공훈을 세운다네

介庵朋 上堂擧此話云 臨濟平日 一條脊梁 硬似鐵 佛來也入不得 祖來也入不得 如一團火相似 爲什麽 却被王常侍撈得上壁 若無後語 幾乎打破蔡州 且道 這官人 有什長處 試爲頌看

當當示現宰官身　皮有血兮眼有筋
大覺場中慣法戰　電光影裏立功勳

 대원 문재현은 이 칙을 모두 듣고나서 이르노라.

왕상시가 "좌선도 하지 않고, 경도 보지 않는다면 무엇을 합니까?" 할 때 "무엇을 한다 해야 하겠습니까?" 해 봤어야 했다.

임제 기왕 그렇다고 치지만
왕상시의 구린내는 어쩔건가
눈 산의 푸른 솔도 이른 것을…

624칙 판두를 치다

 본 칙

임제 선사가 황벽 선사의 승당에서 졸고 있는데 황벽 선사가 내려와 보고 주장자로 판두를 한 번 쳤다.

임제 선사가 고개를 들어 보고는 다시 자니 황벽 선사가 다시 판두를 한 번 치고, 다시 위쪽으로 가서 수좌가 좌선을 하는 것을 보고 말하였다.

"아래쪽의 후생은 좌선을 하는데 그대는 여기서 망상을 피우는가?"

수좌가 말하였다.

"이 노장이 무슨 소리를 하는 것이오?"

황벽 선사가 다시 판두를 한 번 치고 나가버렸다.

臨濟 在黃蘗堂中 打睡 蘗 下來見 以杖打板頭一下 師擧頭見 又却睡 蘗又擊板頭一下 却去上間 見首座坐禪 乃云 下間後生 却坐禪 你在這裏 妄想作麼 首座云 者老漢 作什麼 蘗 又打板頭一下 便出去

☁ 위산 선사와 앙산 선사의 문답

위산 선사가 앙산에게 물었다.

"황벽 선사가 승당에 들어간 뜻이 무엇인가?"

앙산이 대답하였다.

"두 곳 놀음이 같은 굿입니다."

潙山 問仰山 黃蘗入僧堂意作麽生 仰山云 兩彩一賽

☁ 송원 선사가 상당하여 이 칙을 들고 말하였다.

조는 이를 때리고는 좌선을 한다 하고, 좌선하는 이를 때리고는 존다 했다. 이익이 있든 이익이 없든 간에 장사하며 다니는 것을 끊지 못했다.

큰 바보 늙은 황벽 노장의 깊이 갈고 얕게 심는 뜻 아는 이가 드물다.

松源 上堂擧此話云 打睡坐禪 坐禪打睡 有利無利 不離行市 老黃蘗大憨癡 深耕淺種小人知

 대원 문재현은 이 칙을 모두 들고나서 이르노라.

판두 친 뜻을 아는가? 뒷말들은 노래 끝에 후렴 같은 것이니라.

기둥 친 뜻 보에 있다 하였고
나무 위 비둘기 뜻 콩밭이면
황벽의 참 뜻이 무엇인고?

625칙 선상을 쓰러뜨리다

본 칙

임제 선사가 어느 날, 덕산 선사를 모시고 섰는데 덕산 선사가 돌아보면서 말하였다.

"노승이 오늘 피곤하구나."

임제 선사가 말하였다.

"이 노장이 잠꼬대 말을 무엇하러 하는가?"

이에 덕산 선사가 방망이를 들려 하자, 임제 선사가 얼른 승상을 흔들어 쓰러뜨려버렸다.

臨濟 一日 侍立德山次 山 顧謂曰老僧 今日困 師曰這老漢 寐語作甚麼 山 擬拈棒 師便掀倒繩床

☁ 설두현 선사가 이 칙을 들고 말하였다.

두 작가가 쪼고 쪼이기를 동시에 하는 안목도 갖추었고, 쪼고 쪼이기를 동시에 하는 작용도 있다. 설두가 오늘 사나운 범의 아가리에서 사슴을 빼앗고, 주린 매의 발톱 밑에서 토끼를 나누리.

감히 임제 선사와 덕산 선사를 모두 눈먼 이라 말하노니 누군가가 가려내면 천하를 쓸고 다니리라.

雪竇顯 拈 二員作家 具碎啄同時眼 有碎啄同時用 雪竇 擬向猛虎口中奪麤 飢鷹爪下分兎 敢謂林際德山 二俱瞎漢 有人辨得 天下橫行

☁ 운봉열 선사가 이 칙을 들고 말하였다.

두 작가가 하나는 다그치고 하나는 눌러서 간략히 가풍과 법규를 드러내려 하였으니, 마치 손을 잡고 높은 산에 오르는 것 같았다. 비록 그러하나 곁에서 보는 이의 비웃음을 면치 못하리라.

말해보라. 누가 곁에서 보는 이인가?

악!

악!

雲峯悅 拈 二員作家 一拶一捺 略露風規 大似把手上高山 雖然如是 未免傍觀者哂 且道 誰是傍觀者 喝一喝

☁ 해인신 선사가 이 칙을 들고 말하였다.

술은 벗을 만나야 마시고, 시는 아는 이에게 읊는다. 그러나 아직 한 수가 모자란다.

海印信 拈 酒逢知已飮 詩向會人吟 然雖如是 猶欠一着在

ꕤ 운문고 선사가 상당하여 이 칙을 들고 이어 운봉 선사가 이 칙을 들어 말한 것을 겸하여 들고 말하였다.

운봉 노인이 이렇게 비판한 것이 마치 보주 사람과 같도다. 내가 봤더라면 한 묶음에 묶어서 강에다 던졌을 것이다. 무슨 까닭인가? 듣지 못했는가? 조개와 새매가 서로 가지려고 다투다가 함께 어부의 손에 들어갔다는 것을….[18)]

雲門杲 上堂擧此話 兼擧雲峯拈 師云 雲峯老人 恁麽批判 大似普州人 徑山 若見 縛作一束 送在河裏 何故 不見道 蚌鷸相持 俱落漁人之手

18) 도요새와 조개의 다툼은 양자가 다투다가 제 3자에게 이익을 빼앗김을 비유한다.

☁ 운문고 선사가 다시 법문할 때, 이 칙을 들고 말하였다.

그대 보라. 일을 마친 이들이 홀연히 길에서 쏜살같이 만나니, 자연히 각기 몸을 벗어난 길이 있다.

(나중에 운봉열 선사가 이 칙을 들고 '이 두 작가가(중략)' 하고 할하고 할한 것까지에 대해)

나의 견해에 의하건대 운봉 선사도 진흙과 물에 뒤섞임을 면치 못했으니, 두 노장과 함께 하나의 영장으로 허물을 다스려 한 구덩이에 묻어야 되었다.

말해보라. 허물이 어디에 있는가?

又法語 擧此話云 你看 他了事漢 等閑驀路相逢 自然各各有出身之路 後來雲峯悅 拈云 此二員作家 至喝一喝 師云 據妙喜所見 雲峯亦未免和泥合水 好與這兩个老漢一狀領過 一坑埋却 且道 過在什麽處

 대원 문재현은 이 칙을 모두 들고나서 이르노라.

당시에 이 사람이라면 그렇게 말한 임제 선사를 때리려 하지 않고 "그러한 잠꼬대의 말이 있었기에 오늘의 그대가 그런 말 하는 줄도 알아야 하느니…." 했을 것이다.

그러나 나의 한 송을 들어들 보게.

점잖으신 덕산과 임제시여
두 입술을 다물어 두시지
그러잖아 소란이 지금까지…

소와 말은 가로로 다니고
사람은 곧게 서서 다니네
차 들며 시나 한 수 즐기심이…

626칙 합장하여 인사하기만 하면

 본 칙

임제 선사가 대중에게 보이고 말하였다.

"다만 합장하여 인사하기만 하면 그에게 부족하거나 어그러질 것이 없으나, 그가 와서 이렇게 왔다 해도 잃은 것과 같고, 이렇게 옴이 없다 해도 노끈 없이 스스로 결박된 줄 모두 알라.

일체 때 가운데 항상 어지러이 짐작할 것이 없으니, 안다 하건 모른다 하건 모두가 잘못이다.

분명히 이렇게 일렀으니, 천하 사람이 헐뜯거나 깎아내리거나 맡겨 두노라."

臨濟 示衆云 但有問訊 不虧欠伊 惣識伊來處 恁麽來 恰似失却 不恁麽來 無繩自縛 一切時中 莫亂斟酌 會與不會 都來是錯 分明恁麽道 一任天下人貶剝

ᔓ 낭야각 선사가 이 칙을 들고 말하였다.

억지로 헐뜯고 억지로 깎아내림이로다.

(말없이 보이다가)

사해(四海)에 낚시를 드리우는 뜻은 검은 용을 낚자는 것이요, 격박의 현묘한 말을 하는 뜻은 모두 지기(知己)를 찾자는 것이니라.

악!

악!

瑯琊覺 拈 作生貶作生剝 良久云 垂釣四海 爲釣驪龍 格外玄談 盖尋知已 喝一喝

 대원 문재현은 이 칙을 모두 듣고나서 이르노라.

임제 선사여, 평지풍파를 일으키지 마오.

소나무는 사철을 푸르르고
오동나무 잎 지면 가을이며
사람들 철 맞아 잘들 사네

627칙 무사해서 다행이라고 말하지 말라

본 칙

임제 선사에게 어떤 선승이 찾아와서 인사도 하지 않고 물었다.
"절을 해야 옳습니까, 절을 하지 않아야 옳습니까?"
임제 선사가 할을 하자, 선승이 절을 하매 임제 선사가 말하였다.
"이 도적놈아!"
이에 선승이 말하였다.
"도적이야! 도적이야!"
선승이 나가니 임제 선사가 말하였다.
"무사해서 다행이라고 말하지 말라."
이때 수좌가 곁에 모시고 섰는데 임제 선사가 물었다.
"허물이 있는가?"
수좌가 대답하였다.
"있습니다."
임제 선사가 다시 물었다.
"손에게 있는가, 주인에게 있는가?"
수좌가 대답하였다.

"양쪽에 모두 있습니다."

임제 선사가 물었다.

"허물이 어디에 있는가?"

수좌가 나가버리자, 임제 선사가 말하였다.

"무사해서 다행이라고 말하지 말라."

臨濟 因僧𠫭 未人事 乃問 禮拜卽是 不禮拜卽是 師便喝 僧 遂禮拜 師云 這賊 僧云 賊賊 便出去 師云 莫道無事好 首座侍立次 師問 還有過也無 座云 有 師云 賓家有過 主家有過 座云 二俱有過 師云 過在什麼處 座便出去 師云 莫道無事好

ෆ 해인신 선사 송

큰 지혜는 어리석음 같아 헤아릴 수 없나니
거두고 놓는 일에도 구애되질 않았으나
고개 돌림에 곁에서 보는 이가 묻기를
그대의 목숨 버리고도 살아있다 하겠는가

海印信 頌
大智如愚人莫測
收來放去亦非拘
廻頭借問傍觀者
棄汝殘生活也無

☁ 남전 선사가 이 칙을 들고 말하였다.

관마(官馬)가 서로 밟는도다.

南泉 拈云 官馬相踏

ꩠ 보녕용 선사가 상당하여 이 칙을 들고 말하였다.

대중들이여, 저 한 무리의 도적 중에 진짜 도적도 있고, 좀도적도 있다. 일러보라. 거기에 어느 것이 진짜 도적이고 어느 것이 좀도적인가? 가려내겠는가?

입으로 부르기는 쉬워도 장물을 알기는 어렵느니라.

保寧勇 上堂擧此話云 大衆 這一群賊 其中 有正賊 有草賊 且道 那个是正賊 那个是草賊 辨得麽 口款易招 贓物難認

☁ 운문고 선사가 보설할 때에 이 칙을 들고 말하였다.

임제 선사가 어둠 가운데 한 번 제비뽑다 지더니 밝은 데서는 한 수 이겼다. 비록 그렇게 지기도 하고 이기기도 하고 밝음도 있고 어두움도 있었으나 곁에서 보는 이가 거칠으니 어찌하랴?

말해보라. 누가 곁에서 보는 이인가?

(말없이 보이다가)

제방에 가거든 잘못 이야기하지 말라.

雲門杲 普說 擧此話云 林際 暗中輸了一籌 却向明中贏得一着 雖然有輸有贏 有明有暗 爭奈傍觀者醜 且道 誰是傍觀者 良久云 若到諸方 不得錯擧

 대원 문재현은 이 칙을 모두 들고나서 이르노라.

내게 그렇게 물었다면 “나보다 먼저 법상이 일렀는데 들었는가?” 하여 만약 듣지 못했다 하면 “귀만 먹은 것이 아니라 눈까지 멀었구나.” 했을 것이다.

또 수좌에게 허물이 있는가 묻자 “있습니다.” 할 때 “옳기는 심히 옳으나 여우의 냄새를 어떻게 할 것인가?” 했어야 했다.

육육은 삼십육을 이루고
구구는 팔십일을 이루니
삼삼 역시 뒤집어도 구로세

628칙 어느 쪽이 인간과 하늘의 공양을 받을 만한가?

 본 칙

임제 선사가 대중에게 보이고 말하였다.
"한 사람은 영원히 길에 있지만 집을 떠남이 없고, 한 사람은 집을 떠났으되 길에 있지도 않으니, 어느 쪽이 인간과 하늘의 공양을 받을 만한가?"

臨濟 示衆云 有一人論劫在途中 不離家舍 有一人 離家舍 不在途中 阿那个堪受人天供養

ↀ 영원청 선사가 상당하여 이 칙을 들고 말하였다.

임제 노장이 완전한 한 화살을 기틀에 쏴서 두 수리가 떨어진 곳이 빛난다.

(다시 대중을 돌아보면서 말하기를)

어느 곳에 떨어졌는가?

만일 본다면 산승이 나설 때 여러분이 걸음마다 같이 다니고, 여러분이 집에 있을 때마다 산승과 같이 앉으리라.

설사 같이 다니고 같이 앉는다고 하더라도 역시 교화문에 있어서는 길에 남은 바퀴의 자취이니 말해보라. 길에 남은 바퀴의 자취가 없는 한 구절을 어떻게 말해야 하겠는가?

물이 깊고 배가 높은 곳에 검은 용의 명월주가 나와 떴다.

靈源淸 上堂擧此話云 林際老漢 發機全一箭 雙鵰落處玄 復顧謂大衆 落在什麽處 若也見得則山僧 出去 與諸人 步步同行 諸人在家 時時 共山僧同坐 直饒同坐同行 猶涉化門途轍 且道 不涉途轍一句 作麽生道 等閑水長船高處 漾出驪龍明月珠

◌ 백운병 선사가 상당하여 이 칙을 들고 말하였다.

임제 화상이 희고 검음을 깊이 밝히고, 바르고 치우친 것을 환히 깨달아 알아, 세간에 따라 응하여 모자람 없이 교화하니, 혼연하되 잡되지 않았다 하겠으나, 그러나 하나만을 알았고 둘은 몰랐다 하겠다.

만일 남화라면 그렇게 하지 않으리니 길 가운데 있으면 곧 실제의 경지를 발로 밟고, 집에 있으면 곧 콧구멍이 하늘을 찌른다.

누군가가 당장에 돌아갈 곳을 알면 가히 한 망치로 둘을 감당했다 하리니 말해보라. 끝내 뜻이 어디에 있는가?

구름은 산마루에 한가히 걸히지 않고, 물은 개울 아래로 몹시도 바쁘구나.

白雲昺 上堂擧此話云 林際和尙 深明緇素 洞曉正偏 和光同塵 混而不雜 要且只知其一 不知其二 若是南華 卽不然 在途中則脚踏實地 處家舍則鼻孔遼天 若人 直下知歸 可謂一槌兩當 且道 畢竟落在什麽處 雲在嶺頭閑不徹 水流澗下大忙生

ᢀ 한암승 선사가 상당하여 이 칙을 들고 말하였다.

꾸밈없이 맑고 맑으며, 한 티끌 없이 상쾌하고 상쾌하여, 벽돌 같다 하기에는 얇고, 기와 같다 하기에는 두텁다.

인간과 하늘의 공양을 받을 이, 어떤 사람인가?

대정봉 밑 구름 같은 대중들 사람사람마다 콧구멍이 아래로 향했네.

寒嵓升 上堂擧此話云 大衆 白淨淨赤洒洒 薄如磚厚如瓦 受人天供養底 是何人者 大頂峯下衆如雲 人人鼻孔 都向下

☁ 운문고 선사가 이 칙을 들고 말하였다.

도적 몸, 이미 드러났네.

雲門杲 拈 賊身已露

☁ 송원 선사가 상당하여 이 칙을 들고 말하였다.

눈으로는 동남을 보고 뜻은 서북에 있다.

松源 上堂擧此話云 眼觀東南 意在西北

 대원 문재현은 이 칙을 모두 들고나서 이르노라.

이렇거늘 하. 하. 하.

습득의 흥겨운 가락에
한산이 멋스런 춤을 추니
풍간은 호탕한 웃음일세

629칙 삼안국토(三眼國土)

 본 칙

임제 선사에게 어떤 선승이 물었다.

"어떤 것이 삼안국토(三眼國土)입니까?"

임제 선사가 대답하였다.

"내가 그대와 청정하고 현묘한 국토에 들어, 청정한 옷을 입고 법신불을 이야기하며, 또 차별 없는 국토에 들어, 차별 없는 옷을 입고 보신불을 이야기하며, 또 해탈국토에 들어, 광명 옷을 입고 화신불을 이야기한다."

臨濟 因僧問 如何是三眼國土 師云 我共汝入淨妙國土中 着淸淨衣 說法身佛 又入無差別國土中 着無差別衣 說報身佛 又入解脫國土中 着光明衣 說化身佛

☁ 운문고 선사가 상당하여 이 칙을 들고 말하였다.

(대중을 돌아보면서)
임제 노장을 보았는가?
만일 보지 못했다면 그대들을 위해 가리켜 보이리라.
법신불 · 보신불 · 화신불이라고?
돌!
낫도깨비 요정이로다. 삼안의 국토에서 만났다고 하면 지위 없는 참사람을 죽도록 웃김일세.

雲門杲 上堂擧此話 顧示大衆云 還見林際老漢麽 若也未見 徑山 爲你指出 法身報身化身 咄哉 魍魎妖精 三眼國中 逢着 笑殺無位眞人

 대원 문재현은 이 칙을 모두 들고나서 이르노라.

만약 내게 그 질문을 해 왔다면 "드러났다." 했을 것이다.

그 선승을 불러서 대답하면
그게 바로 청정한 법신이고

선승을 다시 불러 대답하면
이러-히 밝고 밝은 보신이며

또다시 불러서 대답하면
자재한 화신불 나툼일세

630칙 어느 쪽이 더 친한가?

 본 칙

임제 선사가 낙포 선사에게 물었다.

"전부터 한 사람은 방망이를 쓰고, 한 사람은 할을 썼는데, 어느 쪽이 더 친한가?"

낙포 선사가 말하였다.

"모두가 친하지 않습니다."

이에 임제 선사가 말하였다.

"어떤 것이 친한 것인가?"

낙포 선사가 할을 하니, 임제 선사가 때렸다.

臨濟 問洛浦 從上一人 行棒 一人 行喝 那个最親 浦云 惣不親 師云 親處作麽生 浦便喝 師便打

☁ 열재 거사 송

두 사람의 할과 방망이, 연기 같으니
어디서 바름과 치우침을 알 수 있으랴
움직임은 꿈속의 향기로운 풀이 무성하듯 하고
고요함은 지는 꽃이 하늘에 가득하여 혼연한 것 같네

悅齋居士 頌
二人棒喝擧如煙
何處知他正與偏
冉冉都成芳草夢
陰陰渾似落花天

ꩠ 심문분 선사가 이 칙을 들고 말하였다.

그의 활달하고 우뚝한 모습을 보라. 틀을 벗어나 스스로 이러-히 놓아버렸다는 것마저 초월해 기틀에 임하여 꺼내었으나 거두어 가짐에 이르지 못함이여, 손이 묶이고 발이 붙었다.

그러므로 '말후일구에 비로소 굳은 관문에 이른다 하였느니라.' 하니 어떤 것이 말후일구인가?

악!

악!

(주장자를 높이 들어 한 번 내리치다)

心聞賁 擧此話云 看他活卓卓底 脫略窠臼 超放自如 臨機拈出應不到 黏手綴脚 所以道 末後一句始到牢關 且作麽生是末後一句 遂喝一喝 卓柱杖一下

 대원 문재현은 이 칙을 모두 들고나서 이르노라.

방망이를 업고 들고 할을 따라 드는 데야 친한 것 아니라고 말할 것도 아니나, 마지막 넘어야 할 관문이 있으니 어쩌랴.

한낮의 경포 호반 낚싯배에
어느 어부 낮잠을 즐기고

갈대 사이 어른어른 별뉘는
춤추는 은빛으로 장관이며

우리 부부 누각에서 차 들며
풍간의 만상놀음 즐기네

631칙 삼현삼요(三玄三要)

 본 칙

임제 선사가 대중에게 보이고 말하였다.
"대개 일구(一句) 안에 삼현(三玄)을 갖추어야 하고, 일현(一玄)에 삼요(三要)가 갖추어져야 된다. 현도 있고 요도 있는 것을 그대들은 어떻게 생각하는가?"

臨濟 示衆云 大凡下語一句中 具三玄 一玄中 具三要 有玄有要 汝等諸人 作麽生會

∞ 분양소 선사 송

삼현과 삼요를 분별키 어렵다 하나
뜻을 얻고 말을 잊으면 도와 쉽게 친하네
일구 밝고 밝아 만상을 갖춤이여
중양절인 9일에 국화꽃 새롭구나

汾陽昭 頌
三玄三要事難分
得意忘言道易親
一句明明該萬象
重陽九日菊花新

◌ 자항박 선사 송

삼현과 삼요를 나누기 어려워할 것 없으니
외눈은 원래부터 정문(頂門)에 버금가네
눈먼 나귀가 멸망시키지 않았다면
오늘날 어디에 자손이 있었으랴

慈航朴 頌
三玄三要不難分
隻眼從來亞頂門
不向瞎驢邊滅却
至今何處有兒孫

ꩰ 낭야각 선사가 상당하여 이 칙을 들고 이어 분양 선사의 송을 들고 말하였다.

악!

악!

이것은 몇째 현(玄)인가?

(잠잠히 있다가)

그대들도 한량없는 죄과를 저질렀고, 나도 한량없는 죄과를 범했느니라.

瑯琊覺 上堂擧此話 連擧汾陽頌 師乃喝一喝云 是第幾玄 良久云 你也沒量罪過 我也沒量罪過

ᯅ 죽암규 선사가 상당하여 이 칙을 들고 말하였다.

대중들이여, 간곡한 부촉으로 일으켜 펼쳐 굴렸으나 잘못 봄일세. 산승의 한 게송을 들으라.

구 가운데 이 삼현을 꿰뚫기 어렵다 하나
일구라면 공겁의 이전까지 통한다
임제 선사의 목숨이 원래 끊어짐 없음이여
한 가닥 붉은 실을 수중에 끌고 있다

竹庵珪 上堂擧此話云 大衆 事從叮囑起 展轉見誵訛 聽取山僧一頌
句中難透是三玄
一句該通空劫前
臨際命根元不斷
一條紅線手中牽

☁ 죽암규 선사가 다시 이 칙을 들고 말하였다.

(주장자를 높이 들어 보이고)
악!
악!
세상사를 다만 함께 바른 도리로 판별하거니와 민심이 길이길이 흐르는 물과 같기는 어렵다.

又擧此話 卓柱杖喝一喝云 世事 但將公道斷 人心 難似水長流

 대원 문재현은 이 칙을 모두 들고나서 이르노라.

무슨 잔머리 굴림이 이리 심한가? 나는 다만 이러히 일하고 이러히 제접하다 이러히 쉴 뿐이니 임제 선사시여 어떻소?

일구라, 일구라고 하였던가
일현이라, 영산홍이 한창이지
일요라, 아하하 우습구나

632칙 삼십봉(三十棒)

 본 칙

임제 선사가, 덕산 선사가 대중에게 보이고 "말해보라. 말해봐. 말하면 서른 방망이를 때릴 것이요, 말하지 못해도 서른 방망이를 때리리라."라고 했다는 말을 전해 듣고, 시자 낙포에게 시키기를 "가서 보다가 그가 그렇게 말하거든 곧장 묻기를 '서른 방망이는 또한 어째서 때립니까?' 해서 그가 때리거든 주장자를 꽉 붙들고 한 번 밀어라." 하였다.

시자가 가서 분부대로 했더니 덕산 선사가 밀려 쓰러졌다가 일어나서 방장으로 들어가 문을 닫았다. 시자가 돌아와서 임제 선사에게 자세히 이야기하니, 임제 선사가 말하였다.

"내가 원래 그이를 수상하게 여겼었다. 그러나 그대는 덕산 선사를 보기나 했는가?"

시자가 머뭇거리자 임제 선사가 때렸다.

臨濟 聞德山示衆云 道道 道得也三十棒 道不得也三十棒 師令侍者

(洛浦)去 見他如是道 便問 道得 爲甚也三十棒 待伊若打 你接柱杖推一推 者去一如指敎 德山被一推倒 便歸方丈 閉却門 者廻擧似師 師云 我從來 疑着這漢 雖然如是 你還見德山麽 者擬議 師便打

☁ 해인신 선사 송

스스로 남보다 뛰어난 기예를 지닌 대장이
수하를 불러 가르치자 진짜인 양 했네
이르러선 과연 작은 승리를 거뒀다 하나
돌아와선 전신이 함정에 빠진 꼴을 면치 못했네

海印信 頌
單于自負藝過人
小將教招去似眞
到彼果然贏小捷
廻來未免陷全身

◌ 암두할 선사가 이 칙을 들고 말하였다.

덕산 선사가 평소에 눈앞의 주장자 하나를 의지해 부처가 와도 때리고 조사가 와도 때렸으나 부족함을 어찌하랴.

巖頭奯 拈 德山 尋常 只據目前一个柱杖子 佛來也打 祖來亦打 爭奈較些子

○ 동선제 선사가 이 칙을 들고 말하였다.

임제 선사가 "내가 전부터 그이를 수상히 여겼다." 하니 긍정하는 말인가, 부정하는 말인가? 그 밖에 다른 도리가 있는가? 판단해보라.

東禪齊 拈 只如臨際 道 我從前疑這漢 是肯底語 不肯語 爲當別有道理 試斷看

 대원 문재현은 이 칙을 모두 들고나서 이르노라.

덕산 선사여, 당시에 쓰러뜨렸을 적에 "쓰러뜨렸으면 일으킬 줄도 아느냐?" 해서 낙포의 다음 행함을 보아 대처했어야 했다.

임제여, 위험한 장난일세
애송이를 그리 시켜 보내다니
그게 바로 마 만드는 소행일세

나라면 덕산 봤나 할 적에
앞질러 좌구가 일렀거늘
어찌 듣지 못했소 했을 걸세

633칙 할(喝)

 본 칙

임제 선사는 대체로 선승이 들어오는 것을 보면 곧장 할을 하였다.

臨濟 凡見僧入門 便喝

○ 대홍은 선사 송

문에 들어서자마자 할한 것도
벌써 크게 번거로워진 것인데
끝없는 둔한 납자들
다시 되풀이해 그를 담아 논하다니
돌!

大洪恩 頌
入門來便喝
已是大忉怛
無限杜禪和
更復論該括
咄

☁ 정엄수 선사 송

한 칼이 전쟁터를 평정하니
무엇으로 손과 주인 가리랴
담장과 산, 몽땅 바침이여
누가 성스러운 밝은 군왕일꼬

淨嚴遂 頌
一釰定煙塵
憑何辨主賓
梯山齊入貢
誰識聖明君

◌ 정자본 선사 송

장하도다! 임제 선사의 할이여
마치 봄날의 우레같네
초목이 모두가 무성하기를 다한다 해도
교룡(蛟龍)을 막기 어려움이랄까…
어긋났다면 깨달음 속의 미혹함이요
적중했다면 죽음 속의 삶이로세
자벌레와 우물 안 개구리
어찌 넓은 바다를 알리오
돌!

淨慈本 頌
偉哉臨濟喝　狀似春雷發
草木盡滋榮　蛟龍難止遏
差之悟裏迷　的也死中活
尺蠖與池蛙　豈知滄海闊
咄

☁ 경산고 선사 송

문에 들자마자 할 함이여
온전히 콧구멍이랄 것도 없네
자손들을 이끌려고
죽과 밥의 기운을 부렸구려

徑山杲 頌
入門便喝
全無巴鼻
引得兒孫
弄粥飯氣

ꕤ 죽암규 선사 송

한 번의 할이 사선천 위까지 꿰뚫음이여
임제 선사는 원래부터 선은 아는 게 아니라 했네
문 밖에서 아침볕이 드는 줄은 다 알면서
섬돌 앞에 밤 달빛이 쏟아지는 줄은 모름일세

竹庵珪 頌
一喝喝上四禪天
臨濟元來不會禪
盡道朝陽生戶外
不知夜月落堦前

꩜ 개암붕 선사 송

산을 무너뜨리고 바닷물을 말리는 한 할이여
규칙과 법식이랄 것 없이 초탈한 온전한 기틀일세
진흙소가 구름과 안개 밖으로 뛰어남이여
기쁨의 소리가 거리마다 가득하네

介庵朋 頌
一喝山崩海水枯
全機脫略沒規模
泥牛迸出煙霄外
直得嘉聲滿道途

☁ 무진 거사 송

문을 닫고 깊이 숨어 문을 열지 않음에
허공에 우레 같은 한 소리여
교룡은 각각 구름과 안개 움켜쥐고
지렁이는 저마다 흙과 티끌 먹네

無盡居士 頌
蟄戶幽扃凍不開
虛空忽震一聲雷
蛟龍一一拏雲霧
蚯蚓頭頭食土塵

 대원 문재현은 이 칙을 모두 들고나서 이르노라.

우레 같은 한 할이여, 여섯 문이 무너지고 대천이 흔적 없네. 백만 공안 비밀을 알몸으로 드러냈고 자신의 살림살이도 보일 대로 다 보였네.

임제의 그 할을 알고픈가?
새벽에는 목탁이 들려주고
저녁에는 종이 먼저 이르네

634칙 호병을 들어 보이다

 본 칙

임제 선사가 어느 날, 호병을 들어 낙포에게 보이면서 말하였다.

"만 가지 천 가지가 이를 여의지 않으니, 둘이 아닌 이치니라."

낙포가 말하였다.

"어떤 것이 둘이 아닌 이치입니까?"

이에 임제 선사가 다시 호병을 들어 보이니 낙포가 말하였다.

"그러면 만 가지, 천 가지입니다."

임제 선사가 말하였다.

"똥싸개의 견해로다."

낙포가 말하였다.

"나공[19]이 거울을 보는 격입니다."

(전등록에 나한 지의 선사가 언단 장로와 호병을 먹는데 언단 장로가 "백 가지, 천 가지가 그 본체는 둘이 아니다. (중략)" 하니 지의 선사가 "그대는 마치 나공이 머리를 빗는 모습을 읊는 것 같도다." 하였다)

---

19) 나공(羅公) : 못나기로 유명했던 여자.

臨濟 一日 拈餬餠 示洛浦云 萬種千般 不離這个 其理不二 浦云 如何是不二之理 師再拈起餠示之 浦云 與麽則萬種千般也 師云 屙屎見解 浦云 羅公 照鏡 (傳燈云 羅漢智依 與彦端長老喫餠餤 端曰百種千般其體不二 云云 至依曰汝也是羅公詠梳頭樣)

☁ 대위철 선사가 이 칙을 들고 말하였다.

임제 화상은 바람 따라 돛을 달고 낙포는 노를 저어 치는 파도를 탔다 하리라. 그러나 임제의 문하에서는 곧 얻음이겠지만 위산의 문중에서는 얻음이 못 되네.

大潙喆 拈 林際和尙 便風帆掛 洛浦 鼓棹揚波 然雖如是 林際門下 卽得 潙山門下 不得

 대원 문재현은 이 칙을 모두 들고나서 이르노라.

낙포가 "그러면 만 가지, 천 가지입니다." 할 때 한 대 때렸어야 했다.

임제 선사의 호병이 사자가 돼
그대들을 삼키려 하는데
어떻게 살아들 나겠는가?

'한나라 개는 흙덩이를 쫓아 물고
사자는 사람을 무느니라'
황금빛 사자가 나타났다!

635칙 눈먼 나귀

 본 칙

임제 선사가 열반하실 때에, 삼성이 원주로 있었는데 임제 선사가 상당하여 말하였다.

"내가 떠난 뒤에 나의 정법안장이 멸하지 않게 하라."

삼성이 말하였다.

"어찌 감히 화상의 정법안장을 멸하게 하겠습니까."

이에 임제 선사가 말하였다.

"갑자기 누군가가 물으면 그대는 무엇이라 하겠는가?"

"악!"

삼성이 할을 하니, 임제 선사가 말하였다.

"나의 정법안장이라 함마저 저 눈먼 나귀에게서 멸해버릴 줄을 누가 알았으리오."

臨濟 遷化時 三聖 爲院主 師上堂云 吾去世後 不得滅却吾正法眼藏 聖云 爭敢滅却和尙正法眼藏 師云 忽有人 問 你作麽生道 聖便喝 師云 誰知吾正法眼藏 向者瞎驢邊滅却

ꩰ 장산전 선사 송

정법안장을 누구에게 전할 수 있을까?
할을 할 때, 푸른 바다가 바닥까지 말랐다
이로부터 눈먼 나귀도 찾을 곳 없음이여
무쇠산 돌아오는 길이 캄캄하고 만만하네

蔣山泉 頌
正法眼藏誰傳得
喝下滄溟徹底乾
從此瞎驢無覓處
鐵山歸路黑漫漫

ഗ 황룡남 선사 송

열반에 들고자 이별을 고할 때 베풂기를
정법안장을 잘 지니라 간곡히 당부했네
할 소리여, 진흙길인들 열리지 않으랴
눈먼 나귀, 이로 좇아 소인도 타게 했네

黃龍南 頌
圓寂將歸敘別時
叮嚀法眼好任持
喝下不開泥水路
瞎驢從此小人騎

ᢀ 해인신 선사 송

간곡히 당부한 정법안장 믿어 헛되지 않게 함이여
떠날 때 범의 수염 잡아 뽑은 일 우스워라
일찍이 화산의 그림책에서 본
반랑이 나귀를 거꾸로 탄 것 다시 음미하네

海印信 頌
叮嚀正眼信非虛
堪笑臨行捋虎鬚
曾省華山圖籍上
又添潘閬倒騎驢

천동각 선사 송

신표의 옷, 한밤중에 노능(육조)에게 전하니
황매산의 칠백 승려 술렁거렸다
임제 선사의 한 가닥 정법안장을
눈먼 나귀가 멸해 버렸다 하니 사람들이 미워할까
마음과 마음으로 서로 인가했고
조사와 조사가 등불을 전함이여
바다와 산악을 평탄케 하고
곤붕[20]으로 변화케 하네
이런 이름이나 말로 그리거나 헤아리기 어려운데
큰 수단으로 뒤집고 올라 깨닫게 했네

天重覺 頌

信衣半夜付盧能　攪擾黃梅七百僧
林際一枝正法眼　瞎驢滅却得人憎
心心相印　祖祖傳燈
夷平海岳　變化鯤鵬
只个名言難比擬　大都手段解翻騰

20) 곤붕(鯤鵬) : '장자'에 나오는 상상의 큰 물고기와 새. 흔히 매우 큰 사물을 비유적으로 이를 때에 쓰는 말이다.

ⓒ 불타손 선사 송

떠날 때 바른 법을 전해주고자 했으나
당장 언하에 친소가 생겼네
한 할을 맞닥뜨려 아는 이 없으니
떼를 지어 눈먼 나귀를 뒤쫓기만 하리

佛陀遜 頌
正法臨行欲付渠
便於言下定親疎
當頭一喝無人會
作隊成群趁瞎驢

♤ 보녕용 선사 송

문을 나서 손을 잡고 거듭 간곡히 당부함이여
흔히 일이란 간곡한 부촉에서 생기네
길은 멀고 밤은 기니 불붙이기를 쉴까만
대가는 불마저 끈 속의 함을 하네

保寧勇 頌
出門握手再叮嚀
往往事從叮囑生
路遠夜長休點火
大家吹殺暗中行

☁ 동림총 선사 송

정법안장을 간곡히 당부하여 떠날 때 보임이여
한 할은 현묘한 관문으로 더할 것이 없거늘 꿰뚫지 못하여
스스로 이것이 눈먼 나귀도 찾을 수 없는 곳이건만
얼마나 많은 강에서 어부에게 물었던가

東林惣 頌
叮嚀正法示將終
一喝玄關絶不通
自此瞎驢無覓處
幾多江上問漁翁

☁ 영원청 선사 송

임제가 온전한 기틀을 어떻게 적중하도록 가리킬꼬 하다가
눈먼 나귀가 친히 지음함을 만나 즐거워하였네
종풍을 오래도록 멸하지 않으려면
'물은 흐르고 산은 높다'는 뜻 굴려라

靈源淸 頌
林際全機何指的
瞎驢親喜遇知音
宗風要見長無墜
流水高山意轉深

ꕥ 불인청 선사 송

삼성의 한 할을
포착하는 이 적구나
비록 죽은 뱀이라도
살려서 놀릴 줄 알아야 하네
썩은 고기에 모여든 파리를 억지로 건지고 건짐이나
그물을 통과한 금빛 잉어라면 살아서 펄펄 뛰리
임제의 눈먼 나귀
그대여, 들었느니라[入]

佛印淸 頌
三聖一喝
小人拈掇
雖是死蛇
解弄却活
來蠅臭肉硬捄捄
透網金鱗活鱍鱍
林際瞎驢
君子可入

◌ 삽계익 선사 송

옥골짜기 현묘한 관문의 길 멀다 하지만
복사꽃에 서린 향기 공연한 것이 아닐세
깊이 감춰 사람들에게 보는 것을 허락치 않는 것은
봄바람이 향기를 누설하듯 될까 걱정함에서일세

雪溪益 頌
玉洞玄關道路長
蟠桃不是等閑芳
遮藏不許時人見
秖恐春風漏泄香

ꩰ 취암종 선사 송

만 길 봉우리에서 서로 손을 잡을 때에
맑은 노래, 한 곡조를 젊은이가 아는구나
눈먼 나귀, 우주를 놀라게 하는 것만 보았으니
정법안장이란 것도 알지 못하는데 뉘에게 전하여 맡겼다 할꼬

翠嵓宗 頌
萬仞峯前握手時
淸歌一曲少人知
但見瞎驢驚宇宙
不知法眼付傳誰

○ 숭승공 선사 송

정법안장이 멸했는가 멸하지 않았는가
임종에 대중에게 알리는 시절일세
삼성이 나서면서 할, 한 할소리여
가련하다 이로부터 눈먼 나귀가 되었다네
나귀 눈먼 도리 몇 사람이나 알았는가
눈 오는 밤, 원숭이가 흐느껴 우네
돌이켜 생각컨대 벙어리가 꿈꾸는 것 같아서
두 손을 펴서 벌릴 뿐 누구를 향해 말할 수 있으랴

崇勝珙 頌
正法眼藏滅不滅
臨終告衆底時節
三聖進前喝一聲
可憐從此驢兒瞎
驢兒瞎幾人別
雪夜猿啼轉嗚咽
翻思瘂人得夢時
展開雙手向誰說

ꩰ 불감근 선사 송

눈먼 나귀가 정법안장이라 함마저 멸함이여
대당나라에 자손을 가득 냈네
모름지기 망망한 안개 자욱한 물결 속에서 믿으면
특별히 빛남을 좋아하는 사량인들 있으랴

佛鑑勤 頌
瞎驢滅却正法眼
出得兒孫遍大唐
須信茫茫煙浪裏
灼然別有好思量

ꩰ 운문고 선사 송

눈먼 나귀 한 번 뜀에, 대중이 모두 놀람이여
정법안장을 누구에게 전할 수 있으랴
삼현과 삼요를 모두 다 멸함이여
당당히 손을 털고 겹겹의 성 나옴일세

雲門杲 頌
瞎驢一跳衆皆驚
正法那堪付與人
三要三玄俱喪盡
堂堂擺手出重城

ꩰ 죽암규 선사 송

늙도록 이야기를 않더니
떠날 때엔 고개 돌려 간곡히 당부하누나
깊고 깊은 바다 밑이라면 오히려 얕음인들 싫어하랴
금강이라면 물이 흐름을 만나면 곧바로 따르듯 하네

竹庵珪 頌
到老不曾開話路
臨行回首却叮嚀
深深海底猶嫌淺
直向金剛水際行

ᘛ 백운병 선사 송

만 갈래의 강물이 바다로 흘러드는 위세, 그치지 않음이여
고기와 용, 출몰하여 뜨고 잠김 마음대로인데
눈먼 나귀, 정법안장이라 함마저 멸해 버림이여
황하의 강물이 거꾸로 흐름일세

白雲昺 頌
萬派朝宗勢未休
魚龍出沒任浮沉
瞎驢滅却正法眼
直得黃河却倒流

ↀ 심문분 선사 송

부처도 마귀도 도망칠 곳마저 없게 한, 한 할이여
천지가 일시에 울리도록 후려 갈김이나
임종시 자체이거늘 뇌성 같은 소리라고 크게 놀랐을 것이며
기량인들 어찌 일찍이 지어내서 얻고 이루는 것이었으랴

心聞賁 頌
喝得佛魔無處走
摑敎天地一時鳴
臨行自被雷驚殺
伎倆何曾做得成

꩜ 개암붕 선사 송

손을 잡고 길에 나서 새벽이 밝도록 걸었으나
조금도 다툴 것 없음을 누가 알꼬
날이 밝아 제각기 집으로 돌아갔거니
눈먼 나귀 아래라면 재앙인들 있겠는가

介庵朋 頌
握手登途徹曉行
誰知武步不多爭
天明各自歸家去
留下瞎驢爲禍殃

꩜ 남원 선사와 풍혈 선사의 문답

남원 선사가 풍혈에게 물었다.

"그대는 임제 선사가 떠날 때에 한 말을 들었는가?"

풍혈이 대답하였다.

"들었습니다."

남원 선사가 다시 말하였다.

"임제 선사가 '나의 정법안장이라 함마저 저 눈먼 나귀에게서 멸해버릴 줄을 누가 알았으리오.' 했으니 그가 평생에 사자와 같아서 사람을 보기만 하면 죽이더니 임종 때에는 어찌하여 무릎을 꿇고 꼬리를 사림이 그와 같았을꼬?"

풍혈이 말하였다.

"임종시 비밀히 부촉함이여. 온전히 주인이랄 것도 곧 없습니다."

남원 선사가 다시 말하였다.

"삼성은 또 어째서 말이 없었던가?"

풍혈이 대답하였다.

"방에 들어가 법을 이은 참 자식은 문 밖에서 돌아다니는 사람과 같지 않습니다."

남원 선사가 고개를 끄덕였다.

南院 問風穴 汝聞臨際將終時語否 穴曰聞之 院曰臨際曰誰知吾正法眼藏 向這瞎驢邊滅却 渠平生 如師子 見卽殺人 及其將死 何故 屈膝妥尾如此 穴曰密付將終 全主卽滅 院 又問 三聖 如何亦無語乎 穴曰親承入室之眞子 不同門外之遊人 院 頷之

ᘓ 대위수 선사가 이 칙을 들고 말하였다.

옛 사람이 죽을 때까지 참고 기다리다가 말하기를 어째서 "정법안장이라 함마저 저 눈먼 나귀에게서 멸한다." 했을까? 임제 선사는 행동하고 헤아림이 빠르고 빨랐고, 삼성은 또한 슬기로웠다. 이 부자(父子)로 인하여 정을 다함을 후인들로 하여금 성취토록 하였는데 바라던 바에 어긋났는가?

만일 흐르는 물이 아니라 해도 물은 응당 산에서 갈라져 흘러가느니라.

大潙秀 拈 古者 忍死待來 因何正法眼藏 却向瞎驢邊滅 臨際 行計速速 三聖 又却忩忩 因斯父子情忘 遂使後人 失望 若不得流 水多應過別山

ᯅ 향산량 선사가 이 칙을 들고 말하였다.

(방 안에서 어떤 선승에게 묻기를)

그대 말해보라. 임제 선사가 삼성에게 "나의 정법안장이라 함마저 저 눈먼 나귀에게서 멸해버릴 줄을 누가 알았으리오." 하였는데 어째서 대답이 없었는가?

(대신 말하기를)

임제 선사가 종래로 다른 사람을 허락하지 않았느니라.

(또 말하기를)

멸했다 하더라도 오히려 다하지 못함이니라.

香山良 室中 問僧 你道 林際 謂三聖云 誰知吾正法眼藏 向這瞎驢邊滅却去 作麼生無對 代云 林際從來 不許他人 又云 滅猶未盡

☁ 설봉요 선사가 이 칙에서 "멸해버릴 줄을 누가 알았으리오." 한 것까지와 임제 선사가 "흐름을 따라가는 것을 멈출 수 없을 때, 어찌하려는가?" 묻고 "가없는 참된 비춤, 그가 이어 설하리라. 이름도 모습도 없어 사람들이 천품인 줄 모르니 취모검이 쓰기를 마쳤다고 갑자기 닳아 없어지는 것이랴." 하고 말을 마치자, 앉아서 입적했다는 이야기를 들고 말하였다.

철저히 못을 씹고 무쇠를 씹는 이는 역시 그 노장이라야 되겠도다.

(껄껄 크게 웃고)

정법안장이라 함마저 저 눈먼 나귀에게서 멸해버린다는 것은 그만두고, 어째서 "취모검이 쓰기를 마쳤다고 갑자기 닳아 없어지는 것이랴."라고 했는가.

(말없이 보이다가)

정밀한 광채라서 잘 드느니라.

雪峯了 擧此話 至滅却 遂有頌 沿流不止問如何 眞照無邊說似他 離相離名人不禀 吹毛用了急還磨 言訖坐滅 師云 徹底咬釘咬鐵 須還个老兒 呵呵大笑云 正法眼藏 向這瞎驢邊滅却 卽且置 爲什麽 吹毛用了急須磨 良久云 快着精彩

☁ 지해청 선사가 상당하여 이 칙에서 "멸해버릴 줄을 누가 알았으리오." 한 것까지와 삼성이 임제 선사의 대를 계승했다는 것을 들고 말하였다.

파리(玻梨) 보배거울의 밝고도 밀밀한 광명은 갈아서 이룬 것 아니요, 염부단금의 순수하고 맑음은 단련해서 생긴 것이 아니다.

그러므로 스승과 제자가 계합한 마음이야말로 고금에 있어서 같은 도이다. 빛나기가 단청 같고, 환하기가 밝은 태양 같은데, 보아 얻었다 하겠는가?

다시 짤막한 게송 하나를 들으라.

구름 산 창창하고, 넓은 바다 탕탕하다
산꼭대기 파도 일고 바다 밑 먼지 난다
삼성이 비단옷 입고 낮에 고국으로 돌아갔다 하거나
임제가 장사 땅에서 뜻을 품고 억울하게 소상강에 잠겼다고 하겠는가
그대 보지 못했는가?
영산회상에는 모두가 용상이었건만
연꽃눈 깜박인 음광에게만 전했으니
뿌리도 꼭지도 어찌 그리 똑같이 깊은가
천고만고에 다함 없이 전하느니라

여러 선덕들이여! 알면 정법안장이 멸했다 하나 멸해서는 멸한 적도 없고, 모르면 저 눈먼 나귀를 스스로 법도로 헤아리며 헐뜯으리라.

智海淸 上堂擧此話 至滅却 三聖 後 繼嗣林際 師云 頗梨宝鏡精光不假磨成 閻浮檀金純淨 非因煆出 是故 師資心契 今古道同 炳若丹青 明如皎日 還見得麽 更聽短頌

雲山蒼蒼瀛海湯湯
山頭浪湧海底塵揚
三聖衣錦晝歸故國
林際懷沙抱屈沉湘
君不見
鷲峯席上俱龍象
獨瞬蓮眸付飮光
於根於蔕何深固
千古萬古流無央
諸禪德 若會則正法眼藏兮滅與不滅 不會則這瞎驢兮謾自度量

 대원 문재현은 이 칙을 모두 들고나서 이르노라.

이런 일도 있구려.

정법안장 하.하.하 산천도 웃고
멸했다고? 눈 위에 서리로구나
할이여, 그런 것도 있던가

636칙 수좌야!

 본 칙

목주 용홍사 진 존숙이 개당하는 날, 법상에 올라가서 말하였다.

"수좌야!"

수좌가 대답하였다.

"여기 있습니다."

"원주야!"

원주가 대답하였다.

"여기 있습니다."

"유나야!"

유나가 대답하였다.

"여기 있습니다."

이에 진 존숙이 말하였다.

"셋 다 일치하지 못했다. 지금이 제1의에 해당한다. 향하의 말은 기니 내일 건네주리라."

睦州龍興寺陳尊宿 開堂陞座云 首座 荅云 在 寺主 荅云 在 維那 荅云 在 師云 三段不同 今當第一 向下文長 付在來日

☁ 천동각 선사가 상당하여 이 칙을 들고 말하였다.

목주 화상이 십자로 열어서 두 손으로 분부했건만, 그런데도 제자리걸음이나 한다면 눈앞의 것을 기피한 것이 되리라.

목주 선사의 개당은 원통이 여러분을 위해서 점검해 마쳤거니와 원통의 개당은 여러분이 끝내 어떻게 말하려는가?

서로 만나 모임에 뜻 아는 이 있어서 알아준다면 청정한 가풍이거니 어찌 반드시 하늘 땅만 움직이리오.

天童覺 上堂擧此話云 睦州和尙 十字打開 兩手分付 若也踏步向前便被當面諱却 睦州開堂 圓通 爲你諸人 點檢了也 圓通開堂 諸人 且道 畢竟作麽生 相逢會有知音知 何必淸風 動天地

☁ 원오근 선사가 이 칙을 들고 말하였다.

으뜸가는 이가 길이나 빌려서 통과했다면 그것은 기이하고 괴상한 것이다. 만일 숭녕이라면 그렇게 하지 않으리라.
"수좌야!" 해서 "예! 여기 있습니다." 하고, "원주야!" 해서 "예! 여기 있습니다." 하고, "유나야!" 해서 "예! 여기 있습니다." 했으니 걸어다니면서 팔이 흔들어지는 것은 상관 없지만 풀밭을 치는 것은 다만 오직 뱀을 놀라게 하기 위한 것이므로 만일 한 번 치켜들자 곧바로 구른다면 흙을 뿌리고 모래를 뿌리는 것을 면하리라.

圜悟勤 拈 一等是借路經過 就中奇怪 若是崇寧 又且不然 首座 在 寺主 在 維那 在 因行不妨掉臂 打草 只要驚蛇 若能一撥便轉 免致撒土撒沙

☁ 송원 선사가 상당하여 이 칙을 들고 말하였다.

손을 빌려 주먹을 써서 대중을 놀라게 하고 소란케 함이로구나. 용문을 뛰어넘은 이라면 들어 보이기 전에 알거니와, 그렇지 않으면 영은이 손해를 보게 되었다 하리라.

松源 上堂擧此話云 借手行拳 驚群動衆 龍門上客 未擧先知 若不然者 靈隱 失利

 대원 문재현은 이 칙을 모두 듣고나서 이르노라.

"수좌야!" 하면 "예." 하고 "이렇게 대답하는 것이 또한 좋지 않습니까?" 했어야 했고, "원주야!" 하면 "예." 하고 "새삼스러운 자비이오나 화문(話門)에 없을 수 없겠습니다." 했어야 했으며, "유나야!" 하면 "예." 하고 "영산회상의 자비에 버금가는 것이오나 오늘은 차나 올리겠습니다." 했어야 했다.

소나무는 눈이 덮여 늘어졌고
까마귀는 주림을 외치는데
해탈이는 그것을 쫓는구나

637칙 석가 앞에도 높이 읍하고, 미륵에게도 절을 하지 않을 때

 본 칙

목주 선사에게 어떤 선승이 물었다.

"석가 앞에도 높이 읍하고, 미륵에게도 절을 하지 않을 때가 어떠합니까?"

목주 선사가 대답하였다.

"어제 누군가가 묻기에 벌써 쫓아냈느니라."

선승이 다시 말하였다.

"화상께서는 아직도 저의 말이 진실치 않을까 걱정을 하시는군요."

목주 선사가 말하였다.

"주장자가 없으니 빗자루로라도 서른 번 때리리라."

睦州 因僧問 高揖釋迦 不拜彌勒時如何 師云 昨日有人 問 趕出了也 僧云 和尙 恐某甲不實 師云 柱杖 不在 苕箒柄 聊與三十

☁ 숭승공 선사 송

석가와 미륵에게도 다만 높이 읍한다 함에
목주 선사는 크게 지나쳐서 오히려 미치지 못했다
만일에 납자에게 바른 법령 행했다면
산의 등칡으로 어찌 서른 번 때리는 데만 그쳤으랴

崇勝珙 頌
釋迦彌勒只高揖
睦州大過猶不及
若是衲僧正令行
山藤何止痛三十

☁ 지비자 선사 송

높이 읍하고 절하지 않는다 함에
당장 납자의 병통을 안다
쉬라고 가르쳐도 쉬는 것을 수긍치 않으니
빗자루만 손해가 나겠구려

知非子 頌
高揖不拜時
直知衲僧病
教休不肯休
損他苕箒柄

ꩦ 설두현 선사가 이 칙을 들고 말하였다.

목주 선사는 구슬을 받을 마음뿐이지, 성을 나눌 뜻은 없는 이일세.

雪竇顯 拈 睦州 只有受璧之心 且無割城之意

∽ 법진일 선사가 이 칙을 들고 이어 설두 선사가 이 칙을 들어 말한 것을 들고 말하였다.

목주 선사는 그때에 그 선승을 보고 묻는 말을 듣자마자 때려 내쫓았어야 했다.

비록 그러나 목주 노장으로서는 그 방망이를 놓아버리는 것이 좋다는 것을 모를 수가 없었다.

왜 그런가 하면 용을 벤 칼을 어찌 뱀에게 휘두르겠는가? 여러분은 그 선승을 알고자 하는가?

속절없는 날건달[21]이었느니라.

法眞一 擧此話 連擧雪竇拈 師云 睦州 當時 見者僧才問 便好和聲打出 雖然如是 睦州老漢 不可是不知 者棒 放過也好 爲什麽如此 誅龍之劒 豈可揮蛇 諸人 要識者僧麽 只是个白踏州縣底漢

---

21) 날건달 : 원문에 '백답주현저한(白踏州縣底漢)'이라고 되어 있는데, 이는 아무 밑천도 기술도 안면도 없이 시읍으로 와서 다니다가 요행을 바라는 건달이라는 뜻이다.

ꩰ 천복일 선사가 상당하여 이 칙을 들고 말하였다.

어떤 이는 "목주 선사는 구슬을 받을 마음뿐이지, 성을 나눌 뜻은 없는 이일세."라고 하지만 그 선승이 던지기를 새털같이 가볍게 하고 티끌같이 여기는 줄은 전혀 몰랐다 하겠다.

목주 선사에게 보답하려면 값은 태산보다 무겁고 은혜는 바다보다 깊도다.

薦福逸 上堂擧此話云 有一般漢 只管道 睦州 只有受璧之心 且無割城之意 殊不知者僧 投之卽輕若鴻毛 狀同埃壒 睦州 報之 卽價重丘山 恩深河海

ꩰ 천동각 선사가 상당하여 이 칙을 들고 말하였다.

좋구나, 대중들이여! 밭가는 농부의 소를 몰아내고, 시장한 사람의 밥을 빼앗듯 했으니 바야흐로 종사의 수단이 있다.

천동이 뒤를 따르면서 칭찬하지 않을 수가 없도다. 늠름한 장군의 법령이 시행되니 사해와 팔방의 끝까지 안정되기를 바랄 뿐이다.

번쩍 드니 칼의 위세가 두우(斗牛, 별자리 이름)에 뻗고 먼지와 티끌을 씻어버리니 태평성세를 보는구나.

天童覺 上堂擧此話云 好 大衆 驅耕夫之牛 奪飢人之食 方有宗師手段 天童 不免隨後讚歎去也 凜凜將軍 令已行 八荒四海要澄淸 提來劒氣干牛斗 洗湯氛埃見大平

☙ 천동각 선사가 다시 상당하여 이 칙을 들고 이어 설두 선사가 이 칙을 들어 말한 것을 들고 말하였다.

자세히 점검하건대 설두 선사도 서른 방망이를 맞아야 하겠다. 어찌하여 보지 못했는가?

'그만두어야 할 때 그만두지 않아서 도리어 재앙을 불렀다.' 했느니라. 여러분은 알겠는가?

천동이 주로 가리켜 보이지 않을 수 없다. 왕노사가 분수를 지키는 의기로 시시비비를 쓸어버리는 뜻을 이른 것이다.

하늘까지 비친 눈[雪]빛, 번쩍번쩍한 광채여, 천리만리의 혜성마저도 다 쓸어버린다.

(이는 선승이 남전 선사에게 물었다는 기록에 의해 송한 것이다)

又上堂擧此話 連擧雪竇拈 師云 點檢將來 雪竇也與三十柱杖 何故不見道 當斷不斷 返招其亂 諸人還會也無 天童 不免指注去也 王老師 足意氣 是是非非蕩情謂 倚天照雪爛光芒 掃盡攙搶千萬里(此錄云僧問南泉)

ꩰ 불감근 선사가 상당하여 이 칙을 들고 말하였다.

대중 가운데에서 헤아려 "목주 선사는 대소를 분별하는 권세를 손에 쥐고서 때에 따라 주었다 빼앗았다 한다." 하니 목주 선사가 수레를 옆에서 밀지 않고, 사리를 왜곡되게 판단하지 않는다는 것이야 누가 알지 못하겠는가? 알고자 하는가?

바른 도는 반드시 광채가 난다.

佛鑑勤 上堂擧此話云 衆中 商量只道 睦州權柄 在手 縱奪臨時 誰不知睦州車不橫推 理無曲斷 要會麽 直須着精彩

 대원 문재현은 이 칙을 모두 듣고나서 이르노라.

오뉴월 땡감 같은 선승일세.

어제 쫓아냈다 함이여
또 막대기 버금가는 공안일세
알겠는가? 풍경이 일러주네

638칙 찢어 벌리는 것

 본 칙

목주 선사가 대중에게 보이고 말하였다.

"찢어 벌리는 것도 나에게 있고, 빚어 모으는 것도 나에게 있다."

이에 어떤 선승이 물었다.

"어떤 것이 찢어 벌리는 것입니까?"

목주 선사가 말하였다.

"3, 9는 27이니라. 보리와 열반과 진여와 해탈이 곧 마음이요 곧 부처임을 나는 이렇게 말했거니와 그대는 어떻게 말하겠는가?"

선승이 말하였다.

"저라면 그렇게 말하지 않겠습니다."

목주 선사가 말하였다.

"잔이 땅에 떨어져서 접시가 일곱 조각이 났느니라."

선승이 다시 물었다.

"어떤 것이 주워 모으는 것입니까?"

목주 선사가 손을 모으고 섰다.

睦州 示衆云 裂開也在我 捏聚也在我 僧問 如何是裂開 師云 三九二十七 菩提涅槃 眞如解脫 卽心卽佛 我且恁麽道 你又作麽生 僧云 某甲 不恁麽道 師云 盞子落地 楪子成七片 僧云 如何是捏聚 師歛手而立

☁ 해인신 선사 송

사냥개가 냄새를 잘 맡아서
깊은 산에 달리는 짐승들도 저지하고 무찌르지만
신령한 양[22]은 뿔을 걸어 자취 흔적 없어서
짖고 짖어도 이루지 못해 이익 없이 스스로 돌아간다
산봉우리 목인은 성이 나서 꾸짖고
개울가의 석녀는 기뻐하며 웃는구나
들꽃은 조각조각 물 따라 흐르는데
꽃이 피고 떨어짐이 어디로 좇아서 오는지 알리오

海印信 頌
獵犬善能尋氣息　深山走獸被傷摧
靈羊掛角無蹤跡　嗥吠不成空自廻
嶺上木人嗔咄咄　溪邊石女笑咍咍
野花片片隨流水　榮落知從何處來

---

22) 신령한 양 : 영양은 밤에 잘 때 뿔을 나뭇가지에 걸고 다리를 땅에 붙이지 않아 흔적을 남기지 않는다. 제1의 접하여 교화하는 방법에 비유된다.

☁ 취암열 선사가 이 칙을 들고 말하였다.

알겠는가?
꾸짖을 땐 충분히 그대도 뿔을 걸듯 하고, 침 뱉을 땐 충분히 그대도 물을 뿌려라.

翠嵓悅 拈 會麼 相罵 饒汝接觜 相唾 饒汝潑水

☁ 취암열 선사가 다시 "찢어 벌리는 것도 나에게 있고, 빚어 모으는 것도 나에게 있다." 한 것을 들고 말하였다.

지고 들어올 것도, 지고 나갈 것도 없다.

又擧 裂開也在我 捏聚也在我 師云 負入不負出

◌ 천동각 선사가 이 칙을 들고 말하였다.

목주 선사의 활용한 곳이여, 장점은 셋이고 단점은 다섯이며, 세로로는 칠이요, 가로로는 팔이며, 낯 앞에 흩어놓고 머리 뒤로 던짐이다.
기특한 도리라 해도 무방하나, 문호의 베풀어 설함이 본래 한 집안이지만 진리에 들어가는 깊은 말씀은 백 걸음뿐만이 아니로다.

天童覺 拈 睦州用處 直是長三短五 七縱八橫 撒在面前 拋向腦後 不妨奇特 然則門庭施設 自是一家 入理深談 不啻百步

ꕀ 송원 선사가 상당하여 이 칙을 들고 말하였다.

이것은 좋은 웃음거리이다. 크고도 작은 목주 선사가 그 선승의 다그침을 받고는 마치 끓는 물에 빠진 방게가 일곱 개의 손과 여덟 개의 다리를 일시에 내놓은 것과 같았도다.

松源 上堂擧此話云 也是好笑 大小睦州 被這僧拶得 恰似落湯螃蟹七手八脚一時露

 대원 문재현은 이 칙을 모두 듣고나서 이르노라.

옳기는 옳으나 어쩌랴. 아직은 천보, 만보일세.

그 선승이 "저라면 그렇게 말하지 않겠습니다." 했을 때 "그대는 그럼 어떻게 하겠는가?" 해서 그 선승의 대답해 이르는 것을 보아서 그에 맞게 응했어야 했다.

약이란 병에 따라 달라지고
법이란 사람 따라 다른 것을
목주선사여 애석하고 애석하네

639칙 꽉 막힌 자

 본 칙

목주 선사는 "대덕이여!"라고 선승들을 불러서 선승들이 고개를 돌리면 "꽉 막힌 자[23)]로구나." 하였다.

睦州 喚僧云 大德 僧 廻首 師云 擔板漢

23) 꽉 막힌 자 : 원문에 '담판한(擔板漢)'이라고 되어 있다. 이것은 '널판지를 멘 사람'이라는 뜻으로 하나만 알고 둘은 모르는 외통수를 비유하여 이르는 말이다.

ඏ 장령탁 선사 송

뒤통수에서 한 번 찌르니
모두들 구덩이에 빠지네
불러도 돌이키질 못하니
이것은 모자란 꽉 막힌 자일세
쉴지어다 꽉 막힌 자여!
목주 선사의 관문을 통과해야
하늘땅까지도 온통인 눈이리라

長靈卓 頌
腦後與一錐
頭頭墮坑坎
直饒喚不廻
也是虛擔板
休擔板
透過睦州關
乾坤一隻眼

ꩲ 경산고 선사 송

목주가 꽉 막힌 자라 했는데도
어찌 눈이나 깜박이고 있을꼬
좁고 넓고 길고 짧음이여
더하거나 덜함이 아니로세

徑山杲 頌
睦州擔板
那容眨眼
闊狹短長
不須增減

○ 죽암규 선사 송

번갯불 번쩍한 가운데 근심을 쉬면
높은 봉우리 위에 드러난 것이니 걱정을 말게
한가로이 전신으로 놓아버림이여
맞닥뜨림에 털끝 하나 범한 적 없었네

竹庵珪 頌
電火光中休草草
釰輪峯上莫忉忉
等閑却放全身入
終不當頭犯一毫

ᢁ 무위자 선사 송

목주가 부름이 좇거나 지나침을 판가름함이여
돌아보건 돌아보지 않건 꽉 막힌 자일세

無爲子 頌
睦州喚隨卦斷
回不回擔板漢

☁ 설두현 선사가 이 칙을 들고 말하였다.

목주 선사도 다만 한쪽 눈만 갖추었을 뿐이다.
무슨 까닭인가? 그 선승은 부르기에 고개를 돌렸는데 어째서 꽉 막힌 자라고만 하는가?

雪竇顯 拈 睦州只具一隻眼 何故 這僧 喚旣回頭 因甚却成擔板

☁ 회당심 선사가 이 칙을 들고 말하였다.

설두 선사도 한쪽 눈만 갖추었을 뿐이로다. 그 선승은 한 번 부르는 소리에 곧 고개를 돌리기만 했으니 어찌 꽉 막힌 자라고 하지 않겠는가?

晦堂心 拈 雪竇 亦秖具一隻眼 這僧 一喚便回 爲甚麽不成擔板

ᢀ 취암종 선사가 이 칙을 들고 말하였다.

그 선승이 고개를 돌렸으니 참과 거짓을 가리기 어렵다. 그러나 목주 선사가 힘을 써서 멀쩡한 사람을 업신여겨 억압했으니 어쩌랴. 만일 설두 선사의 증명이 없었더라면 그 선승이 굴욕을 당했을 것이다.

비록 그러나 목주 선사도 좋은 마음이라 해야 할 것이니, 만약 설두가 그렇게 말한 것에 의하자면 불러 고개 돌리자 꽉 막힌 자라고 한 것도 좋은 걸세.

翠嵓宗 拈 這僧回首 眞虛 莫辨 爭奈睦州用勢 欺壓平人 若無雪竇證明 這僧 還同受屈 雖然如是 睦州 却是好心 若據雪竇恁麽道 也好喚廻與箇擔板漢

ᨀ 영원청 선사가 상당하여 이 칙을 들고 이어 설두 선사와 회당 선사가 이 칙을 들어 말한 것을 들고 말하였다.

꽉 막힌 자라는 말이 누구에게 떨어진 것이겠는가? 온통인 눈을 어떻게 가려내겠는가?
깊은 산 한밤중에 달이 밝은데, 돌사람의 부르짖음은 화살이 마음에 적중함이니라.

靈源淸 上堂擧此話 連擧雪竇晦堂拈 師云 擔板漢 落誰家 一隻眼如何辨 深山午夜月明中 呌哭石人心中箭

ꔰ 운문고 선사가 보설할 때에 이 칙을 들고 말하였다.

전에 어떤 선승이 이 칙을 들고 어떤 선승에게 "그대는 어떻게 생각하는가?" 하고는 그 선승이 입을 열려하자마자 곧장 "과연 꽉 막힌 자로구나." 하였으니 상관하지 않는 것이 좋겠구나.
(이어 설두선사와 회당 선사가 이 칙을 들어 말한 것을 들고)
이 두 노장은 가히 목주 선사와 손을 맞잡고 같이 다닐 만하다 하겠다. 만일 영리한 이라면 이런 말을 듣자마자 눈이 구리방울 같아져 절대로 이 속을 향해 섣부르게 아는 체하는 자가 되지는 않으리라.

雲門杲 普說 擧此話云 曾有个禪頭 擧這話問僧 你作麼生會 才見僧開口 便道果然擔板 且喜沒交涉 遂擧雪竇晦堂拈 師云 者兩个老漢可與睦州 把手共行 若是个靈利漢 才聞擧着 眼似銅鈴 終不向者裏打之遶

ᯅ 죽암규 선사가 이 칙을 들고 말하였다.

목주 선사는 그 선승에게 감정을 당했다.

竹庵珪 拈 睦州 被這僧勘破

☁ 백운병 선사가 이 칙을 들고 말하였다.

놋쇠로는 금과 바꾸지 않는다는 것을 말하면 세상에 믿는 이가 드무니라.

白雲昺 拈 眞鍮不博金 擧世小人信

 대원 문재현은 이 칙을 모두 들고나서 이르노라.

그때에 선승은 “새삼스런 말씀은 없는 것만 못하니 차나 드시지요.” 했어야 했다.

갈대 넘어 노을 젖은 황금빛 풍경에
돌사내 돌아씨와 겁외담소 무르익자
낙동강 모래사장 갈매기도 어울린다

640칙 지금 있는 그대로 공안이 이루어져 있다 해도

 본 칙

목주 선사가 어떤 신승이 오는 것을 보고 말하였다.

"지금 있는 그대로 공안이 이루어져 있다 해도[24] 그대에게 서른 방망이를 때리리라."

선승이 말하였다.

"저는 다만 이러-할 뿐입니다."

이에 목주 선사가 말하였다.

"사문 앞에서 금강신은 어째서 주먹을 세우는가?"

선승이 대답하였다.

"금강신도 이러-할 뿐입니다."

목주 선사가 등줄기를 때려 쫓았다.

睦州 見僧來 曰見成公案 放汝三十棒 僧曰某甲如是 師云 沙門前 金剛 爲什麽 竪起拳 僧云 金剛 尙乃如是 師便劈脊打出

24) 원문의 '견성(見成)'은 현성(現成)과 같은 뜻이다. 이는 지금 있는 그대로 현전 성취. 현재 이루어져 있는 것을 의미한다.

☁ 해인신 선사 송

밴을 부르기는 쉽고 뱀을 쫓기는 어려우니
소매 속의 금망치는 보기 쉽지 않다네
장안의 밤마다 집집이 달이건만
흔하디 흔한 시름과 낙에 있음을 뉘 알리

海印信 頌
呼蛇易遣蛇難
袖裏金鎚不易看
長安夜夜家家月
誰知愁樂有多般

꩜ 숭승공 선사 송

이 일은 원래부터 풀에 떨어짐이 어려움이니
지금 있는 그대로 공안이 이루어져 있다 해도 벌써 여러 가닥일세
기린이고 사자고간에 뒤집어 던짐이 마땅한데
당시에 들여우가 뛰는데야 어쩔 수 없었으리

崇勝珙 頌
此事從來落草難
見成公案早多端
麒麟師子好飜擲
爭奈當時跳野干

◯ 본연 거사 송

앞의 화살은 오히려 가벼웠고 뒷 화살은 이지러졌다
그대가 귀머거리 장님임을 알았다면 다시 어찌 의심할까만
종사에게 산 기틀의 길이 없다면
가풍에 알맞는 옳고 그름 판별함 어찌 알았으랴
지극하고 지극하다 하겠으나
임제 날도적의 내력이 있지 않은가

本然居士 頌
前箭猶輕後箭虧
知君聾瞎更何疑
宗師若沒生機路
爭解當風辨是非
極極
林際白拈有來歷

◌ 열재 거사 송

하늘 위, 땅 아래의 사람이여
여러 사람 점치는 데 맡기노라

悅齋居士 頌
乾上坤下之乎者也
一任諸人鑽龜打瓦

ↀ 상방악 선사가 이 칙을 들고 이어 운문 선사가 '목주 선사는 바로 그때에 천하 사람들에게 칼을 씌우고 자물쇠를 채웠다.' 한 것까지를 들고 말하였다.

목주 선사는 사람에게 이루어 주는 점은 적고, 사람을 손상시키는 점은 많다.

비록 그러나 낙양의 봄빛 속에 익숙하게 실컷 길을 다니다가 변두리로 나간 것이고, 운문 대사는 단점만 쫓고 장점은 쫓을 줄 몰랐으며, 그 선승은 선봉[25]에 있어서 일으킨 바 있었으나 후군[殿後][26]에 있어서는 공이 없었다.

上方岳 擧此話 連擧雲門大師聞擧云 睦州正恁麽時 天下人 披枷帶鏁 師云 睦州和尙 成人者小 敗人者多 雖然如此 慣向洛陽春色裏 飽經行陣入邊疆 雲門大師 只從其短 不從其長 這僧 先鋒有作 殿後無功

25) 선봉(先鋒) : 군(軍)의 선봉대.
26) 후군[殿後] : 군(軍)의 후군. 퇴각하는 군대의 맨 뒤에 남아 적군을 막는 부대.

〰 운봉열 선사가 이 칙에서 "서른 방망이를 때리리라." 한 것까지 들고 말하였다.

도적이 제 발 저린다.

雲峯悅 擧此話 至三十棒 師云 作賊人心虛

ꩰ 앙산위 선사가 상당하여 이 칙에서 "서른 방망이를 때리리라." 한 것과 이어서 그 선승이 "제게 무슨 허물이 있습니까?" 하자 목주 선사가 "그대가 사람을 만나지 못했구나." 했다는 것을 들고 말하였다.

공안이 목전에 이루어져 있음을 면전에서 들어 보이리니 밝게 살펴 수궁하여 지팡이로 아프게 때릴 것이 없도록 하라.

일구로 바다의 용을 격동시키면 3년 동안 내리지 않았던 비가 내린다.

(주장자로 선상을 한 번 내리치다)

仰山偉 上堂擧此話 至三十棒 僧問 某甲 過在甚麽處 州云 你未遇人在 師乃云 見成公案 面前擧 痛杖不打明相許 一句擊動海龍王 直得三年不下雨 以柱杖擊禪床一下

☁ 육왕심 선사가 이 칙을 들고 말하였다.

머리에는 칼이요, 다리에는 족쇄이니, 어디서 목주 선사를 보겠는가?

育王諶 拈 頭上 是枷 脚下 是杻 向什麽處見睦州

☁ 운문고 선사의 문답

운문고 선사가 이 칙에서 "서른 방망이를 때리리라." 한 것과 이어 운봉열 선사가 문제를 들어 말한 것을 들고 말하였다.

"또 하나를 더하는구나."

이어 충밀 선사에게 물었다.

"그대 말해보라. 내가 이렇게 말한 것이 허물이 되는가?"

충밀 선사가 말하였다.

"도적이 제 발 저리는 격입니다."

이에 운문고 선사가 말하였다.

"세 개가 있게 되었구나."

雲門杲 擧此話 至三十棒 連擧雲峯悅拈 師云 又添得一个 道了 問冲密 你道 我恁麼道 還有過也無 密云 作賊人心虛 妙喜曰 三个也有

ᯅ 운문고 선사가 다시 상당하여 이 칙을 들고 말하였다.

구멍 없는 피리에 전박판[27]을 두드려 박자를 맞춘다 하나, 오음이 고르게 화합되고 여섯 가락이 함께 조화를 이루어야 한다.

자세히 점검하건대 곁에서 보는 이의 비웃음은 면할 수 없다.

말해보라. 누가 곁에서 보는 사람인가?

(말없이 보이다가)

꼼짝 마라. 꼼짝만 하면 네 나귀 허리를 쳐서 꺾어버리리라.

又上堂擧此話云 雖然無孔笛 撞着氈拍板 直是五音調暢 六律諧和 子細點檢將來 未免傍觀者哂 且道 誰是傍觀者 良久云 不得動着 動着 打折你驢腰

27) 전박판(氈拍板) : 박판은 음악을 조절하는 기구이다. 그러나 모직으로 거죽을 씌워서 치면 소리가 나지 않으므로 이를 전박판이라 한다. 음향이 없는 것을 말한다.

 대원 문재현은 이 칙을 모두 들고나서 이르노라.

목주 선사가 후인을 인도함에 있어서 능했다 못하리라.

선문(禪門)엔 정(情) 있으면 안 되건만
임제 선사의 평소 씀을 못 봤던가
덕산 선사 방망이가 좋으리라

641칙 한 겹을 버릴 것도 없을 때

 본 칙

목주 선사에게 어떤 선승이 물었다.

"한 겹으로써 한 겹을 버려야 한다는 것은 묻지 않거니와, 한 겹으로써 한 겹을 버릴 것도 없을 때는 어떠합니까?"

목주 선사가 말하였다.

"어제는 가지[茄子]를 가꾸고 오늘은 동아[冬苽]를 심었다."

睦州 因僧問 以一重去一重卽不問 不以一重 去一重時如何 師云 昨日栽茄子 今日種冬苽

☁ 장산전 선사 송

진 노사는 선문의 주인이어서
가지와 동아 심어 밭에 가득하니
그대들에게 알리노니 맹렬히 따갈 줄만 알게나
가을[28]바람에 숲이 시들고
봄[29]비에 꽃이 핀다

蔣山泉 頌
陳老師禪林主
種得茈茄滿園圃
報君知猛提取
林凋白露風
花發淸明雨

28) 가을 : 원문에 '백로(白露)'라고 되어 있는데, 이는 24절기 중의 하나이다.
29) 봄 : 원문에 '청명(淸明)'이라고 되어 있는데, 역시 24절기 중의 하나이다.

☁ 장령탁 선사 송

괭이 끝에서 뜻을 깨달을 땐
근심걱정 없이 꽃피우고 열매 맺건만
하고 많은 착하지 못한 뿌리가
다만 가지 끝에 길게 가지치는 것만 보는구나

長靈卓 頌
钁子頭邊得意時
開花着子不愁伊
幾多不善根株者
只見枝頭又長枝

ᢀ 백운병 선사 송

눈앞에 가득히 중중함이라, 통달할 것도 없이 농함이여
동아와 가지를 밭에 가득히 심음일세
해가 뜨고 달이 떠서 명암이 갈리고
남쪽에는 천태산, 북쪽에는 오대산일세

白雲昺 頌
極目重重撥不開
冬苽茄子滿園栽
烏飛兎走分明暗
南有天台北五臺

ⓒ 경산고 선사가 상당하여 이 칙을 들고 말하였다.

높고 높은 곳이어서는 멀리 보아도 더할 것이 없고, 낮고 낮은 곳이어서는 나누어도 남음이 있다.

가지는 내일 방에서 여러분 마음대로 가로 씹고 세로 씹게 맡기겠거니와 어떤 사람이 동아 위를 향해 한마디 하겠는가?

만일 말할 수 있다면 중이건 속인이건 유정이건 무정이건 모두가 배부르게 먹을 것이요, 만일 이르지 못한다면 내게 밥값을 내야 한다.

徑山杲 上堂擧此話云 高高處 觀之不足 低低處 平之有餘 茄子 明日堂中 一任諸人橫咬竪咬 還有人 向冬苽上 道得一句子麽 若道得一句子 若僧若俗有情無情 盡皆飽齁齁地 若道不得 還我飯錢來

 대원 문재현은 이 칙을 모두 들고나서 이르노라.

그때에 나라면 "그런 말은 어떻게 하게 되었느냐? 빨리 일러라. 빨리 일러." 했을 것이다.

삼천계도 베풀어 냄 아니거늘
일이삼사 오육이나 세란 말인가
이 똥통아 산천도 비웃는다

642칙 설하여 가르치지 않는 말

 본 칙

목주 선사에게 어떤 선승이 물었다.

"어떤 것이 설하여 가르치는 말[30]입니까?"

목주 선사가 말하였다.

"재주를 헤아려 직책을 맡기느니라."

선승이 다시 물었다.

"어떤 것이 설하여 가르치지 않는 말입니까?"

목주 선사가 말하였다.

"복유상향[31]이니라."

睦州 因僧問 如何是展演之言 師云 量才補職 僧云 如何是不展演之言 師云 伏惟尙饗

---

30) 원문에 '전연(展演)'이라고 되어 있는데, 이는 전개연설(展開演說)의 약어이다. 수행자나 일반 사람들을 인도하는 수단으로 설교하는 것을 말한다.

31) 복유상향(伏惟尙饗) : 제사를 지낸 끝에 귀신들에게 많이 흠향하라는 축원의 말.

ↀ 운문고 선사가 상당하여 이 칙을 들고 말하였다.

목주 옛 부처가 온 근기에 잘 맞추었도다. 비록 그러나 겨우 여덟만을 이루었다. 누군가가 경산에게 "어떤 것이 설하여 가르치는 말인가?" 하면 곧 그에게 "열을 물으면 백을 답하니, 무슨 어려움이 있겠는가?" 하리라.

또 "어떤 것이 설하여 가르치지 않는 말인가?" 한다면 할하고 할을 한 번 하고 "똥구덩이가 부글거리듯 말라." 하리라.

雲門杲 上堂擧此話云 睦州古佛 善應來機 雖然如是 只得八成 或有人 問徑山 如何是展演之言 卽向他道 問十答百 有什麼難 如何是不展演之言 喝一喝云 且莫屎窖沸

 대원 문재현은 이 칙을 모두 듣고나서 이르노라.

어떤 이가 내게 "어떤 것이 설하여 가르치는 말입니까?" 하면 "무엇이 설하여 가르치지 않더냐?" 하고, "어떤 것이 설하여 가르치지 않는 말입니까?" 하면 "무슨 설하여 가르칠 것이 있더냐?" 했을 것이다.

솔밭에 칡순은 솔보다 높이 솟고
잔디밭 칡순은 잔디 만큼 큰데
벌판의 칡순은 옆으로 뻗는다

643칙 세 차례, 네 차례 할을 한 뒤엔 어찌하려는가

본 칙

목주 선사가 선승에게 물었다.

"어디서 오는가?"

선승이 할을 하자, 목주 선사가 말하였다.

"노승이 한 차례 할을 당했구나."

선승이 다시 할을 하자, 목주 선사가 말하였다.

"세 차례, 네 차례 할을 한 뒤엔 어찌하려는가?"

선승이 말이 없자, 목주 선사가 때리면서 말하였다.

"이 헛되이 노략질이나 하는 놈아!

睦州 問僧 甚麽處來 僧便喝 師云 老僧 被你一喝 僧 又喝 師云 三喝四喝後作麽生 僧 無語 師便打云 者掠虛漢

○ 설두현 선사 송

두 할, 세 할이라도
작가는 잘 간파하여 응하여 모자람이 없다[32)]
범의 머리에 올라탔다 해도
둘 모두 눈먼 자가 될 뿐이다
누가 눈먼 자인가?
가져다가 천하 사람들에게 보여 주라

雪竇顯 頌
兩喝與三喝
作者知機變
若謂騎虎頭
二俱成瞎漢
誰瞎漢
拈來天下與人看

32) 원문에 '기변(機變)'이라고 되어 있는데, 이는 잘 판별하여 임기응변의 수단을 이용하는 것을 말한다.

ꕤ 법진일 선사가 이 칙을 들고 말하였다.

대체로 보아 범의 수염을 잡아 뽑으려면 그만한 솜씨가 있어야 한다.

"세 차례, 네 차례 할을 한 뒤엔 어찌하려는가?" 했으니 방석을 한 번 털고 곧장 갔다 해도 오히려 조금 부족했을 것을, 그 선승은 용머리에 뱀의 꼬리가 됐고, 목주 선사는 법령을 하나의 반만 시행했다.

만일 노승이라면 손 안의 방망이가 부러지더라도 놔두지 않았을 것이니라.

法眞一　拈　大凡捋虎鬚　也是有者个手脚　始得　三喝四喝後　作麼生坐具一摵便行　猶較些子　者僧　旣龍頭蛇尾　睦州　令行一半　若是老僧手裏棒折　也未放在

☁ 송원 선사가 상당하여 이 칙을 들고 말하였다.

늙은 목주 선사가 심히 일어나는 기세를 누르고, 도리어 그 선승이 손 안의 것을 드러내보이도록 두드렸다.

松源 上堂擧此話云 老睦州 甚生氣槩 却向者僧手裏呈款

 대원 문재현은 이 칙을 모두 듣고나서 이르노라.

"세 차례, 네 차례 할을 한 뒤엔 어찌하려는가?" 할 때 차 한 잔을 권했어야 했다.

가을 뜰에 낙엽은 딩굴고
보름밤 휘영청 밝은 달빛
이대로 태평곡조이어라

644칙 가장 요긴한 곳

 본 칙

목주 선사가 무릉 장로에게 물었다.

"'깨치면 털끝에 큰 바다를 삼켜서 비로소 온 누리란 것도 한 점의 티끌임을 아느니라.' 한 말이 무슨 뜻인가?"

무릉 장로가 말하였다.

"화상께서는 누구에게 물으셨습니까?

"장로에게 물었소."

"왜 가장 요긴한 곳을 말했거늘 모르십니까?"

목주 선사가 말하였다.

"내가 요긴한 곳을 말한 것을 몰랐는가, 그대가 가장 요긴한 곳을 말한 것을 몰랐는가?"

睦州 問武陵長老 了卽毛端呑巨海 始知大地一微塵 作麽生 陵云 和尙 問誰 師云 問長老 云 何不領話 師云 我不領話 汝不領話

ᗢ 설두현 선사가 이 칙을 들고 말하였다.

떨어졌다. 떨어져.
(다시 말하기를)
이 잔소리나 한 노장에게 잘라 결단해 주어야 하겠다.
(주장자를 집어들고)
어느 곳인가?

雪竇顯 拈 墮也墮也 復云 者葛藤老漢 好與劃斷 拈柱杖云 什麽處去也

○ 천동각 선사가 이 칙을 들고 말하였다.

목주 선사와 무릉 장로가 서로 가장 요긴한 곳을 말함을 몰랐다 했는데, 그러는 사이에 흰 파도를 구경하는 데 홀려 손의 노를 잃어버렸다.
(불자를 일으켜 세우고)
보라!

天童覺 拈 睦州 武陵 惣道不領話 其間 有貪觀白浪 失却手橈 乃竪起拂子云 看

 대원 문재현은 이 칙을 모두 들고나서 이르노라.

두 분 모두 용두사미를 면치 못했다.

(주장자를 들었다 내리치며)

이렇게 온전히 분명커늘, 이러쿵 저러쿵 요란일꼬.

645칙 차나 마시라

 본 칙

목주 선사가 어떤 선승에게 물었다.

"요즘 어디서 떠났는가?"

선승이 대답하였다.

"하북에서 떠났습니다."

"하북에는 조주 화상이 있다는데 가 보았는가?"

"제가 거기서 왔습니다."

"조주 선사가 무슨 말로 대중들에게 보이던가?"

"차를 마시라 하였습니다."

"부끄러워하라."

이어 선승에게 물었다.

"조주 선사의 뜻이 무엇인가?"

선승이 대답하였다.

"다만 그것은 일시적인 방편일 뿐입니다."

"괴롭도다. 조주 선사에게 그대가 똥 한 바가지를 뒤집어씌우는 꼴이다."

목주 선사가 때리고 사미에게 물었다.

"너는 어떻게 생각하는가?"

사미가 절을 하자, 목주 선사가 또 때렸다.

그 선승이 사미의 처소에 가서 물었다.

"아까 화상께서 그대를 때린 뜻이 무엇인가?"

사미가 대답하였다.

"우리 화상이 아니시면 나를 때리지는 못했을 것입니다."

睦州 問僧 近離甚處 云河北 師云 河北 有个趙州和尚 上座 曾到彼麼 云某甲 近離彼中 師云 趙州 有何言句示徒 僧 遂擧喫茶話 師乃云 慚愧 却問僧 趙州意作麼生 云 只是一期方便 師云 苦哉 趙州 被爾將一杓屎潑了也 便打 師却問沙彌 爾作麼生 彌便設拜 師亦打 其僧 往沙彌處問 適來和尚 打你作甚麼 彌云 若不是我和尚 不打某甲

◌ 열재 거사 송

목주 선사는 한 방망이 때를 놓쳤고
도리어 사미가 밀어 넘어뜨림을 당했구나
손을 잡고 염부제를 뛰어 넘어가려다
똑같이 잡초밭에 떨어졌다
말해보라
목주인가, 사미인가?
오동잎 떨어지자 바람결이 소슬하고
나룻터에 사람 없어 텅 비어 고요한데
백로만이 돌 위에 발돋움하고 서서
고개 숙여 물속의 빠르게 지나가는 고기떼를 살피네

悅齋居士 頌
睦州一棒蹉過　　却被沙彌推倒
把手跳過閻浮　　一箇落在荒草
且道　　是睦州是沙彌
梧桐葉落風蕭蕭　　野渡無人空寂寥
唯有白鷺石上翹　　低頭水底看魚跳

ထ 설두현 선사가 이 칙을 들고 말하였다.

참고 견딜 수 없는 것을 참고 견뎌준 것으로 말미암아 그 선승이 한 자루의 똥을 퍼다가 두 옛 부처에게 뿌렸구나.

여러분이 잘 가리면 조주 선사와 목주 선사의 굴욕을 씻어줄 뿐 아니라, 취봉 선사와 천하의 늙은 화상들도 허물이 없게 해 주리라.

만일 이를 수 없다면 가는 곳마다 사람들에게 뿌리기를 그치지 않으리라.

雪竇顯 拈 者僧 克由叵耐 將一杓屎潑他二員古佛 諸上座 若能辨得 非唯趙睦二州雪屈 亦乃翠峰與天下老宿 無過 若道不得 到處潑人卒未了在

☁ 운문고 선사가 대중들에게 보이고 이 칙을 들고 이어 설두 선사가 이 칙을 들어 말한 것을 들고 말하였다.

설두 선사는 다만 한 자루의 똥을 조주 선사와 목주 선사에게 뿌린 줄만 알고, 그 선승이 벌써 조주 선사에게 한 자루 뒤집어쓰고, 다시 목주 선사에게 가서 한 자루 뒤집어쓴 줄은 몰랐다.

다만 이것은 숨을 쉬어 냄새 맡을 줄도 몰라서이니, 만약 숨을 쉬어 냄새 맡을 줄만 알았다면 무슨 고불 두 사람이 있겠는가.

雲門杲 示衆 擧此話 連擧雪竇拈 師云 雪竇 只知一杓屎潑他趙睦二州 殊不知這僧 未上 被趙州將一杓屎潑了 却到睦州 又遭一杓 只是不知氣息 若知氣息 什麽處 有二員古佛

 대원 문재현은 이 칙을 모두 들고나서 이르노라.

조주의 뜻을 물을 때 차 한 잔 드렸으면 될 것을 멍청한 선승이 조주 망신을 시켰구나.

달빛의 고색 짙은 절 풍경에
대웅전 앞 우뚝 솟은 탑을 보며
야참의 한 잔의 차 이러-함이여

646칙 주장자를 휘둘러 대중을 쫓다

본 칙

목주 선사가 대중에게 보이고 말하였다.

“나는 백장 선사가 좋고 나쁜 것도 모른다고 본다. 그는 대중이 모이자마자 주장자를 휘둘러 뒤를 쫓다가 대중이 고개를 돌리면 ‘이것이 무엇인가?’ 하고 ‘무슨 함께 이야기할 곳이 있으랴.’ 하였다. 또 황벽 화상은 대중이 모이자마자 주장자로 대중의 뒤를 쫓고, 다시 대중을 불러 대중이 고개를 돌리면 ‘달은 활등 같은데 비는 적고 바람만 많구나.’ 하니 오히려 조금 그럴 만하다 할까.”

睦州 示衆云 我見百丈 不識好惡 大衆 纔集 以柱杖 一時趕下 復召大衆 衆回首 丈云 是甚麽 有什共語處 黃蘗和尚 大衆 纔集 以柱杖 一時趕下 復召大衆 衆 回首 蘗云 月似彎弓 小雨多風 猶較些子

∽ 해인신 선사 송

경덕이 금옥소리 수레로 진으로 들어옴에
선우[33]가 별똥같이 얼음같이 흩어지고 무너진다
큰 소리로 다시 부름을 거두어 가지는 이 없으니
말을 몰아 징을 메고 승리하여 돌아온다

海印信 頌
敬德輪鏘入陣來
單于星散若冰摧
高聲再召無人應
拍馬擔鏘得勝廻

33) 선우(單于) : 한무제 때 표기장군(驃騎將軍) 곽거병(霍去病)이 무강거(武剛車)로써 흉노의 선우(單于)를 겹겹이 포위하였으나, 선우가 여섯 마리의 노새가 끄는 수레를 타고 수백기만을 거느린 채 한군의 포위를 뚫고 달아나버린 고사.

ꕀ 설두현 선사가 이 칙을 들고 말하였다.

무엇을 조금 그럴 만하다 하는가. 아직 아니다.

만일 설두라면 대중이 모였을 때 주장자로 내쫓고 그만 두었으리라. 그 중에 구멍 없는 무쇠방망이와 같은 이가 있어서 잘 짊어진다면, 옛과 이제를 하나로 묶고 하늘과 땅을 까딱 않고 동강내 버리리라.

(주장자를 번쩍 집어들고)

하나를 놓쳤구나!

雪竇顯 拈 說什麽猶較些子 直是未在 若據雪竇 衆集 以柱杖趕下便休 可中 有个無孔鐵鎚 善能擔荷 可以籠罩古今 乾坤坐斷 驀拈柱杖云 放過一着

ↀ 곡은총 선사가 황벽 선사의 말을 듣고는 말하였다.

앞의 것은 매우 기특했으나 나중의 것은 용의 머리에 뱀의 꼬리가 되었다.

谷隱聰 擧黃蘗語了云 前來 甚是奇特 後來 龍頭蛇尾

ꕤ 천성태 선사가 말하였다.

사람을 죽이려면 반드시 피를 보아야 되느니라.

天聖泰 云 殺人須見血

∽ 낭야각 선사가 이 칙을 들고 말하였다.

큰 파도 속에 들려면 조수를 희롱하는 사람이라야 하느니라.

瑯琊覺 拈 若入洪波裏 須是弄潮人

☁ 해인신 선사가 이 칙을 들고 말하였다.

옛 사람의 활용하던 경지는 마치 봄날의 얼음을 밟는 것 같다. 그러나 쪽밭(쪽빛옥밭)에서 돌범을 쏘지 않았더라면 이(李)장군을 잘못 죽일 뻔하였느니라.

海印信 拈 古人用處 似履春冰 然雖如是 若不藍田射石虎 幾乎誤殺李將軍

ꩠ 천동각 선사가 이 칙을 들고 말하였다.

놓아 매개할 비둘기를 구하고, 곧은 낚시로 고기를 낚으니, 제각기 중생을 제접하여 이롭게 하는 솜씨가 있도다.

만약 마음대로 농하는데도[34] 머무름이 없고 불러도 돌아보지도 않는 사람이라면 또 어찌하겠는가?

(주장자로 향대를 한 번 치다)

天童覺 拈 下媒求鴿 直鉤釣魚 各有接物利生底手段 若是箇牢籠不住 呼喚不回底漢 又作麼生 以柱杖 擊香臺一下

34) 원문에 '뇌롱(牢籠)'이라고 되어 있는데, 이것은 다음 세 가지의 뜻을 가지고 있다. ① 남을 마음대로 부림 ② 수중에 넣어 마음대로 놀림 ③ 하나로 묶음. 일괄함. 여기서는 ②의 뜻으로 쓰였다.

☁ 상방익 선사가 이 칙을 들고 말하였다.

백장 선사와 황벽 선사가 비록 법령에 의거했으나 처음을 삼가할 줄만 알았고 끝을 지킬 줄은 몰랐다. 그때에 만일 되던질 줄 아는 이가 있었더라면 거의 채주를 쳐부술 뻔하였다.

나라면 그렇게 하지 않으리라. 여러분이 일시에 모이거든 역시 임제 선사의 법령도 행하지 않고, 덕산 선사의 기틀을 펼치지도 않고, 여러분과 우열을 다투지도 않고, 여러분이 골수를 얻었는지 가죽을 얻었는지도 묻지 않고, 곤하면 모두가 흩어지고, 곤하지 않으면 잠시 더 서있게 하리라.

대중은 말해보라. 나의 이런 이야기에 남을 위하는 안목이 있는가?

(말없이 보이다가)

그만 두어라. 그만 둬. 설사 새벽이 이르도록 서 있을지라도 역시 이 일뿐이리니, 제각기 방으로 돌아가서 잠을 자는 것만 못하니라.

(불자로 선상을 한 번 쳐서 대중이 사방으로 흩어지려 하니, 선사가 다시 대중을 불러 대중이 고개를 돌리자, 선사가 말하기를)

베개를 잃어버리지 말라.

上方益 拈 百丈黃蘗 雖能據令 只知愼初 不知護末 當時若有个返擲

底 洎合打破蔡州 常樂 卽不然 待諸人一時集也 亦不行臨際之令 也不展德山之機 也不與諸人鬪勝鬪劣 也不問諸人 得髓得皮 困卽大家散去 不困更立小時 大衆 且道 常樂與麽說話 還有爲人底眼麽 良久云 休休 直須立到天明 也只是這般事 不如各歸堂打睡去 以拂子擊禪床一下 大衆方散 師復召大衆 大衆回首 師云 莫敎失却枕子

ⓒ 원오근 선사가 이 칙을 들고 이어 설두 선사가 이 칙을 들어 말한 것을 들고 말하였다.

옛 사람이 제각기 온통인 손을 내밀어 중요한 종지를 제창하고 후진들을 부축하여 인도하였으니 함부로 베푼 공은 아니지만, 자세히 점검해 보건대 백장 선사는 방망이를 들고 개를 불렀으니 마주 보면서 노려보지 않을 수 없었고, 황벽 선사는 향기로운 먹이를 갈고리에 꿰어 삼키게 했으니 목숨을 잃을 지경이고, 목주 선사는 대중을 맞아 이런 도리를 들어보여 깨닫게 하려 했으니 도적에게 지나갈 사다리를 놓아준 것이요, 설두 선사도 사람들에게 짊어지기를 바랐으니 바람 없는데 물결을 일으킨 것이다.

오늘은 이런 것이 모두 아니니 각각 방으로 돌아가라.

圜悟勤 擧此話 連擧雪竇拈 師云 古人各出一隻手 提振綱宗 誘掖後進 功不浪施 子細點檢將來 百丈 將棒喚狗 未免相顧睚眦 黃蘗 香餌綴鉤呑著 喪身失命 睦州 當衆擧覺 與賊過梯 雪竇 要人擔荷 無風起浪 今日 惣不伊麽 各請歸堂

송원 선사가 상당하여 이 칙을 들고 이어 설두 선사가 이 칙을 들어 말한 것을 들고 말하였다.

구를수록 잘못됨을 보겠구나. 저 몇 늙은이가 나서서 그물을 펴서 넓게 쳐놓고는 땅 위에서 조개나 새우를 잡고 있으니, 자기의 마음을 다하여 베풀고 남의 비웃음을 사는 줄 전혀 몰랐도다.

돌!

松源 上堂擧此話 連擧雪竇拈 師云 轉見誵訛 這幾箇老漢 出來 張羅布網 却向平地上 摝蜆撈蝦 殊不知用盡自己心 笑破他人口 咄

 대원 문재현은 이 칙을 모두 들고나서 이르노라.

목주, 백장, 황벽 선사 세 분 모두 후인을 위한 자비가 없지는 않으나 어쩌랴 용두사미격임을.

거울 같은 호수 속에 실버들 춤추고
종달새는 창공에서 지지배배 노래하며
봄 언덕 양지의 한가한 졸음이여

647칙 노승을 저버려서는 안 된다

 본 칙

목주 선사가 대중에게 보이고 말하였다.

"그대들, 모두가 들어갈 곳을 얻지 못했거든 들어갈 곳을 얻어야 되고, 이미 들어갈 곳을 얻었거든 노승을 저버려서는 안 된다. 요즘 사람들이여! 분명히 말하노니 자기 자신도 알지 못하면서 하물며 장래에 어찌 아니 전도되리오."

(어떤 책에는, "어떤 중이 나서서 절을 하고 일어나서 말하기를 '끝내 화상을 저버리지 않겠습니다.' 하니 목주 선사가 '벌써 나를 저버렸도다.' 하였다."라고 되어 있다)

睦州 示衆云 汝等諸人 未得箇入頭處 須得箇入頭處 旣得个入頭處 不得辜負老僧 今時人 明明向道 尙自不會 何況盖覆將來(有本 時有僧 出禮拜 起曰 終不敢辜負和尙 師曰 早是辜負了也)

ꕤ 법진일 선사 송

도를 배우려면 들어갈 곳을 알아야 한다 했고
들어갈 곳을 알았으면 저버리지 말아라 했으니
분명히 일러주었다 한 것도 오히려 미함인데
하물며 거듭 어찌 아니 전도되랴 한 말 중에랴

法眞一 頌
學道先須入頭處
旣得入頭莫辜負
明明向道尙猶迷
何況言中曾蓋覆

◌ 무위자 선사 송

들어갈 곳 얻었거든
저버리지 말라 할 적에
선상을 요란하게 뒤흔들지라도
맑은 바람 천하에 가득함을 모르는 걸세

無爲子 頌
得箇入頭
不敢辜負
直饒轟到禪床
未解淸風寰宇

ꩠ 법운수 선사가 이 칙을 들고 말하였다.

이 공안을 제방에서 비판하는 이는 많으나 안목을 갖춘 이는 적다. 산승이 나무람과 혐의를 피하지 않고 여러분 앞에서 설파하리라. 알겠는가?

목주 선사가 곧 진포혜[35]니라.

만약 이 속을 향해 보아 얻었다면 가위 큰 보시의 문을 열었다 하겠지만 그렇지 못하면 의심 없다는 말은 하지 말아라.

호!

法雲秀 拈 這箇公案 諸方批判者甚多 具眼者少 山僧 不避譏嫌 爲你諸人 注破 還會麽 睦州 便是陳蒲鞋 若向這裏見得 可謂是大施門開 其或未然 莫道不疑 好

35) 진포혜(陳蒲鞋) : 목주 선사의 별명이다. '진'은 스님의 속성이고 '포혜'는 왕골로 삼은 짚신이다. 목주 선사는 고향 땅 목주의 개원사 주지로 있으면서 깊은 밤이면 부지런히 왕골로 짚신을 삼아 그것을 곡식과 바꾸어 어머니를 봉양했다. 어머니가 돌아가신 뒤에도 선사는 밤잠을 줄여가며 짚신 삼는 일을 멈추지 않았다. 새벽이 되면 한 묶음 짚신 꾸러미를 남 몰래 지고 나가 큰 길가 나뭇가지에 걸어두고 오고 가는 길손들에게 신고 가게 했다.

☁ 운봉열 선사가 이 칙을 들고 말하였다.

옛 사람의 이런 말은 마치 곤두박질해서 쓰러진 격이다. 그대들은 알고 있는가? 만일 안다 하면 목주 선사를 저버리는 것이요, 만일 알지 못한다 하면 운봉도 연루(連累)됨을 당하리라.

雲峯悅 拈 古人與麽道 和身放倒了也 汝等諸人 還相委悉麽 若相委悉 辜負睦州 若不委悉 雲峯亦遭連累

ᨐ 장로각 선사가 이 칙을 들고 이어 원통 선사의 착어에 '목주가 온전히 진포혜이다' 한 것을 들고 말하였다.

이 한마디가 마치 돌 위에 말뚝을 박는 것 같다. 산승이 다시 여러분에게 분명히 이야기하리라. 그대들은 들어갈 곳을 얻었는가? 들어갈 곳을 얻지 못했거든 들어갈 곳을 얻어야 하고, 들어갈 곳을 얻었거든 모름지기 나쁜 냄새를 없애야 하니 기름때 낀 모자와 악취 나는 베적삼을 벗어버리고 마음이 씻은 듯이 상쾌하여 거리낌 없는, 일 없이 한가한 도인이 되어야 하느니라.

그렇기는 하나 설사 나를 친견했다 해도 다시 북두 속에 몸을 숨기어 초월해서는 초월했다는 것마저 없는 한 구멍이 더 있음을 알아야 하느니라. 알겠는가?

법을 배우는 것은 모름지기 끝까지 이르러야 되나니, 중도에서 쉬지는 말아야 하느니라.

長蘆覺 擧此話 連擧圓通先師着語云 睦州 渾是陳蒲鞋 師云 此一轉語 如石上釘橛 山僧 更與諸人 分明說破 汝等諸人 還得箇入頭也未 未得箇入頭 須得箇入頭 旣得箇入頭 却須卸却膱脂帽子 脫却鶻臭布衫 洒洒落落 作个無事道人 然雖如是 直饒親見洞山 更須知有北斗裏藏身向上一竅在 還會麽 學法須到頭 莫於中路歇

☁ 취암종 선사가 이 칙을 들고 말하였다.

(불자를 일으켜 세우고)

내가 이렇게 하면 목주 선사의 콧구멍을 뚫고, 이렇게 하지 않으면 목주 선사의 눈동자를 바꾸느니라.

(또 말하기를)

요즘 사람이 분명히 말해도 알지 못하나니 나귀해의 꿈에나 볼 것인가?

翠嵓宗 拈 擧起拂子云 我若恁麽 穿却睦州鼻孔 若不恁麽 換却睦州眼睛 又道 今時人 明明向汝道 猶尙不會 驢年夢見麽

☁ 취암기 선사가 상당하여 이 칙을 들고 말하였다.

좋구나! 여러분이여, 목주 선사는 가위 한마디에 다 말했다 해야 하리니, 무슨 까닭인가?

도대체 참선하고 도를 묻는 일은 모름지기 들어갈 곳이 있어야 하나니, 들어갈 곳을 얻으면 조사께서 서쪽에서 오신 뜻이 오직 심인을 전함이니, 사람의 마음을 곧장 가리켜 성품을 보아 부처를 이루게 한 것임을 바야흐로 알게 되겠지만, 만일 들어간 곳이 없다면 길에서 바쁘고, 티끌 속에 시달리는 중업에 얽히고 매여서 벗어날 날이 없으리라.

그러면 무엇이 여러분의 들어갈 곳인가?

한 방망이, 한마디의 할, 손가락 세우는 것, 주먹 세우는 것, 눈 깜박이는 것, 눈썹 드날리는 것, 원상을 그리는 것, 여자 절을 하는 것, 두 손으로 주먹을 쥐는 것, 머리를 때려서 내쫓는 것, 물구나무를 서서 나가는 것, 앞으로 세 걸음 걷는 것, 뒤로 세 걸음 물러서는 것 따위가 아닌가.

혹은 저쪽에서 와서 이쪽에 서거나, 혹은 이쪽을 지나가서 저쪽에 서는 것이 들어가는 것인가? 승당을 통과하여 불전에 들어가는 것이 아닐까?

시장하면 밥을 먹고 피곤하면 잠을 자고, 추우면 불을 쪼이고 더우면 서늘한 곳을 찾고, 산에서 놀고 물에서 놀며 뜻대로 유유자적

한 것이 들어가는 곳이 아닐까?

선정에서 주인 노릇을 하고, 남의 속임을 받지 않으니, 사람마다 구족하고 낱낱이 원만한 것이 아니겠는가?

만일 이런 것이 들어가는 것이라면 가위 한 구절에 부합했다는 것이 만 겁에 나귀를 매는 말뚝이리라. 다른 날, 다른 시간에 어찌 생사에 맞서려 하는지 알지 못하겠구나. 이미 그렇지 못하면 또 어찌하겠는가? 알고자 하는가?

수놓은 원앙은 그대 마음대로 보지만은 금바늘은 남에게 줄 수 없느니라.

翠嵓璣 上堂擧此話云 好 諸人者 可謂睦州 一言道盡 何也 大凡參禪問道 須是有箇入頭 若得入頭 方知祖師西來 單傳心印 直指人心見性成佛 若無入頭處 區區道路 役役塵中 重業牽纏 無有休日 且作麽生是諸人入頭處 莫是一棒一喝 竪指竪拳 瞬目揚眉 或畵圓相 作女人拜 兩手捏拳 放頭上打筋斗出去 或近前三步 退後三步 或這邊過那邊立 或那邊過這邊立 是入頭處麽 莫是穿僧堂入佛殿 莫是飢卽喫飯困卽打眠 寒卽向火 熱卽就凉 遊山翫水 任意遨遊 是入頭處麽 莫是把得定作得主 不受人瞞 人人具足 箇箇圓成麽 若如此 是入頭處 可謂一句合頭語 萬刧繫驢橛 異日他時 未審將何敵於生死 旣不與麽 又且如何 要會麽 鴛鴦繡出 從君看 莫把金針度與人

☁ 자수 선사가 상당하여 이 칙에서 '저버렸다' 한 것까지 들고 말하였다.

어디가 그 선승이 저버린 곳이겠는가? 혹은 "그 선승이 나서서 절을 한 것이 합당하지 않았다." 하거니와 나와서 절을 하지 않았다면 과연 저버린 것인가, 저버리지 않은 것인가?

설사 나서지 않았더라도 옛 사람을 저버리는 것이니, 어찌해야 저버리지 않을까? 여기에 이르러서는 역시 이 문중의 사람이라야 된다. 오로지 의식으로 헤아리거나 말로 계교한다면 이 문중의 사람이 아니다.

목주 선사의 그런 말이 벌써 여러분을 저버렸다는 사실을 아는가? 여러분이 점검해 낼 수 있는가?

노파가 임종에 앞서서 세 차례 이별하나니 눈 속에 힘줄이 없으매 한 세상 가난하게 지냈느니라.

慈受 上堂擧此話 至辜負了也 師云 那裏 是者僧辜負處 或云 者僧不合出來禮拜 只如不出禮拜 還是辜負那 不是辜負那 直饒不出 也是辜負古人 如何得不辜負去 到這裏 須是箇人 始得 只管向識情上卜度言句中計較 無有是處 還知睦州與麽道 已是辜負衆人了也 諸人 檢點得出麽 老婆臨死三回別 眼裏無筋一世貧

◌ 운문고 선사가 이 칙을 들고 말하였다.

돌!
갈등하겠는가?

雲門杲 擧此話 咄曰 葛藤得也未

☁ 송원 선사가 상당하여 이 칙을 들고 이어 목암 화상이 "여러분은 들어갈 곳을 얻지 못했거든 들어갈 곳을 얻어야 하고 들어갈 곳을 얻었거든 당장에 던져버리고 돌아보지 않아야 한다." 한 것을 들고 말하였다.

두 노장이 모두가 머무름을 놓지 못했다. 이미 거울같이 밝다면 어찌 갈고리같이 굽은 것을 베풀랴. 비록 그렇기는 하나 자식을 길러보면 부모의 자비를 알게 되느니라.

松源 上堂擧此話 連擧木庵和尚又道 諸人 未得个入頭處 須得个入頭處 若得个入頭處 直須颺下入處 始得 師云 二老漢 惣放不下在 旣能明似鏡 何用曲如鉤 雖然如是 養子 方知父慈

 대원 문재현은 이 칙을 모두 들고나서 이르노라.

어디서 어디를 향해 들어간단 말인가? 아이고, 아이고.

황혼 속에 돛단배 가물가물
어촌의 저녁 연기 산길 됨을
이렇게 너그러이 서서 보네

648칙 가섭의 높은 수행하던 옷을 어떤 이가 입는 것이 합당하겠습니까?

 본 칙

목주 선사에게 어떤 선승이 물었다.

"가섭의 높은 수행[上行]하던 옷을 어떤 이가 입는 것이 합당하겠습니까?"

목주 선사가 대답하였다.

"여러 해를 털고 털어 장삼은 떨어져 구멍이 나고, 남루한 한쪽이 구름 따라 날아간다. 알겠는가?"

선승이 대답하였다.

"모르겠습니다."

이에 목주 선사가 말하였다.

"때맞추어 어깨에 걸치면 요즘 사람들의 비단옷보다 나으니라."

睦州 因僧問 迦葉上行衣 何人 合得披 師云 抖擻多年穿破衲 襤褸一半 逐雲飛 會麼 僧云 不會 師云 有時掛向肩頭上 也勝時人着錦衣

ㅇ 개선섬 선사가 상당하여 이 칙을 들고 말하였다.

마치 벌레가 나뭇잎을 먹으매 우연히 글자가 되는 것 같음이라 일시적인 도리로는 안 되네. 옛 부처님의 뛰어난 방편과 조사들의 본보기로 베푼 법을 줍는 데 그칠 것이 아니다.

무슨 까닭인가? 아난 이후로부터 천축과 중국에서 이 지위에 오른 이를 가섭의 문하생이라 하였다. 석두 선사는 형악에 뛰어나게 도사렸고, 마조 대사는 강서에 널리 열었으니 그로부터 자손이 번성하고 서로가 종도를 세웠다. 혹은 주장자를 세우고, 혹은 불자를 세워서 갖가지 방편을 일으켰다.

여러 선덕들이여, 가섭의 옷은 이로부터 천 구멍, 만 조각이 났다. 산승이 바늘 하나, 실 한 올로 완전히 꿰매어 기우려 하여 여러분에게 묻노니 불자를 들어서 사람을 위하는 것이 좋은가, 주장자를 들어서 사람을 위하는 것이 좋은가?

(말없이 보이다가)

둘 모두 옳지 않으니 절강물은 동쪽으로 흐르니라. 쓸데없이 오래 서 있었구나.

開先暹 上堂擧此話云 如虫禦木 偶爾成文 一時之機則不可 若論古佛嘉謨 祖師垂範則未之足拾 何以 自阿難之後 天竺震旦 莅此位者

謂之迦葉門生 且石頭 雄踞衡嶽 馬祖 宏闡江西 爾後子孫 繁盛 互立宗途 或拈柱杖 或竪拂子 起多方便 諸德 迦葉之衣 自此破碎而來 千孔萬竅 山僧 擬將一鍼一線 補綴完全 敢問大衆 竪拂子爲人好 拈拄杖爲人好 良久云 二俱無所是 逝水向東流 不用久立

 대원 문재현은 이 칙을 모두 듣고나서 이르노라.

어리석은 물음에 명답일세.

비행기 위 흰구름은 학이고
바다의 점점 섬, 거북일세

천길 바위 뛰어 나른 장부인들
어찌 감히 비길 바가 되랴만

넉넉히 누리는 이 경지를
구름도 창문으로 엿보누나

649칙 이러-하고 이러-하니라

 본 칙

목주 선사가 어느 날 상당하여 대중이 모이자 말하였다.
"이러-하고 이러-하니라."
어떤 선승이 나서서 말하였다.
"대중은 제각기 방으로 돌아가시오."
이에 목주 선사가 승상을 치면서 말하였다.
"사람을 심히 괴롭히는구나."
선승이 고개를 돌리려 하자, 목주 선사가 바로 내려왔다.

睦州 一日 上堂 衆才集 乃云 忽然忽然 僧出衆云 却請大衆 歸堂去 師乃拍繩床云 苦殺人 僧擬回頭 師乃一時趂下

☁ 대각련 선사가 문제를 들고 말하였다.

산승은 "이러-하다 할 것도 없고 이러-하다 할 것도 없다."라고 이르겠다.

왜냐하면 밤 까마귀는 새벽달에 울고, 옥 아가씨는 그네를 뛴다.

大覺璉 拈 山僧 道 不然不然 何也 夜烏 啼曉月 玉女 打鞦韆

ᨒ 심문분 선사가 상당하여 이 칙을 들고 말하였다.

저러한 안목과 뇌를 가진 이가 있는가? 밝은 해의 광명 속의 번갯빛처럼 번득이고, 검은 구름 그림자 틈 속의 우레처럼 빠르다. 눈 치켜 들 겨를도 없이 긴요히 돌아보게 하나 이미 금망치가 어느 결에 정수리를 두드렸음을 깨달아야 한다.
(주장자를 높이 들어 보이고 자리에서 내리다)

心聞賁 上堂擧此話云 還有具這个眼腦底麽 赤日光中閃電飜 黑雲影裏疾雷奔 擡眸未暇重回顧 已覺金鎚扣頂門 卓柱杖下座

 대원 문재현은 이 칙을 모두 듣고나서 이르노라.

"이러-하고 이러-하니라." 했을 때 나라면 "그렇거늘 어떻게 그런 말은 지었습니까?" 했을 것이다.

650칙 장물이 눈앞에 있느니라

 본 칙

목주 선사가 선승이 와서 인사하는 것을 보자, 할을 하였다.

"악!"

그리고 말하였다.

"상좌는 어째서 상주물인 과자를 훔쳤는가?"

선승이 대답하였다.

"제가 방금 도착했거늘 어째서 상주물인 과자를 훔쳤다 하십니까?"

이에 목주 선사가 말하였다.

"장물이 눈앞에 있느니라."

睦州 見僧來叅 便喝云 上座 如何偸常住菓子 僧云 某甲 方來 因甚道偸常住菓子 師云 贓物 現在

☁ 송원 선사 송

보배산의 보배를 다 기울여
온몸으로 거친 풀밭에 들었네
만일에 봉황의 새끼라면
저쪽을 향하여 찾지 말라

松源 頌
傾盡寶山寶
全身入荒草
若是鳳凰兒
不向那邊討

 대원 문재현은 이 칙을 모두 들고나서 이르노라.

"그 과자는 묻지 않겠습니다. 하나의 티끌이라도 따로이 있거든 보여 주십시오" 해야 했거늘 시주물이나 축내고 다니는 자였으니 그런 말을 들어 싸다.

이렇게 서로가 마주하고
이렇게 대화를 할 뿐인데
시비자(是非者)가 스스로 시비잘세

651칙 이(以)자도 아니요, 팔(八)자도 되지 못했다

 본 칙

목주 선사에게 선승이 물었다.

"'이(以)자도 아니요, 팔(八)자도 되지 못했다' 하니 이 무슨 구절인지 알지 못하겠습니다."

목주 선사가 손가락으로 한 번 튕기고 말하였다.

"알겠는가?"

선승이 말하였다.

"모르겠습니다."

목주 선사가 말하였다.

"지금까지 찬탄한 한없이 수승한 인연이 두꺼비가 범천 위에 뛰어오르고, 지렁이가 동해로 달려서 지나가는 것이니라."

睦州 因僧問 以字不是 八字不成 未審是何章句 師彈指一下云 會麽 僧云 不會 師云 上來稱讚無限勝因 蝦蟆 跳上梵天 蚯蚓 走過東海

◌ 장산전 선사 송

금고기 낚기 위해 배로 종횡함이여
푸른 하늘에 치는 우렁찬 벼락일세
어옹(漁翁)의 못 가운데 뜻을 어찌 알랴
언덕을 치는 바람과 물결소리로만 헛되게 듣누나

蔣山泉 頌
欲取金鱗釣艇橫
轟然霹靂下靑冥
漁翁豈識潭中意
空聽風波拍岸聲

◌ 해인신 선사 송

이(以)자도 아니요, 팔(八)자도 되지 못했다
말 많은 스님들도 말하기 어려우리
어리석은 선객은 어쩔 줄 모르고
글을 찾는 좌주는 의지할 곳 잃었네
의지하기를 그만두어라
홀끗만 해도 십만 팔천리니라
그쳐라 그쳐
이 무엇인가? 옴 소로리

海印信 頌
以字不成八不是
多口阿師難不觜
懵懂禪人無奈何
尋文座主失依倚
休依倚
瞥然十萬八千里
住住
是什麼唵嚤嚧哩

☁ 운문고 선사가 웅백장 선사의 청을 받아 이 칙을 들고 말하였다.

(불자를 잡고)

그 선승이 다만 경의 첫 글자만을 물었거늘 목주 선사는 갖가지 기예를 잘 알아서 온갖 글자로 굴리기를 다하고, 용감수감(龍龕手鑑)과 당운옥편(唐韻玉篇)으로 모두 풀이하여 그 선승의 품안에 뿌렸거늘 그 선승이 제법 기특하여 당장에 알아들었다. 말해보라. 어느 것이 알아들은 곳인가? 나의 풀이를 들어보라.

이(以)자도 아니요, 팔(八)자도 되지 못했다 함이여! 손가락을 튕기어 마치기 전에 하늘에 두루하고 땅에 두루하다. 사십이 반야바라밀의 문을 부수어 열고, 화엄회상의 갖가지 기예를 참구해 꿰뚫어 잘 알아서 교리 안과 교리 밖을 일시에 거두고, 세간과 세간 밖을 모두 두루 갖추면 끝없는 죄와 허물이 불이 얼음 녹이듯 하며, 한량없는 수승한 이치가 황하의 모래더미 같으리라.

다시 말후구가 있는데, 견고한 광에 영원히 갈무리해 두었으니, 모두가 산 앞 웅백장 선사를 따르니라.

雲門杲 因熊伯莊請 秉拂擧此話云 這僧 只問經頭一字 睦州 盡將善知衆藝差別字輪 以龍龕手鑑 唐韻玉篇 從頭注解 撒在這僧懷裏 遮僧

也不妨奇特 直下便肯承當 且道 什麼處是他承當處 聽取个注脚 以字不成 八字不是 彈指未終 普天匝地 擊開四十二般若波羅蜜門 叅透華嚴會中善知衆藝 教內教外 一時收 世出世間 皆周備 無邊罪咎 如火消冰 無量勝義 如恒沙聚 更有个末後句 堅牢庫藏永收藏 總屬山前熊伯莊

 대원 문재현은 이 칙을 모두 들고나서 이르노라.

당시 나라면 "나보다 먼저 네 코끝이 일러 마쳤다." 하였으리라.

엊그제 춘분인데 버들가지 물들었고
엿장사 가위소리 음률이 달라졌다

산뜻한 옷차림의 아낙 걸음 가볍고
뒤따른 노랑개도 홍겨운 몸짓일세

진성아, 식후에는 차 들지 않더냐
엽차 한 잔 하자꾸나, 이 아니 좋을 때냐

652칙 돌기둥도 피곤해하던가?

 본 칙

목주 선사가 왕상시가 오니 물었다.

"오늘은 어째서 늦게 들어왔는가?"

왕상시가 대답하였다.

"마타구를 구경하느라고 늦었습니다."

목주 선사가 다시 물었다.

"사람이 공을 치던가, 말이 공을 치던가?"

"사람이 공을 칩니다."

"사람이 피곤하던가?"

"피곤해 합니다."

"말도 피곤하던가?"

"피곤해 합니다."

목주 선사가 다시 물었다.

"돌기둥도 피곤해하던가?"

왕상시가 멍하여 대답을 못했다가 사제(私第)에 돌아와서 밤중에 갑자기 깨닫고 이튿날 목주 선사께 와서 말하였다.

"어제의 일을 알았습니다."

이에 목주 선사가 물었다.

"돌기둥이 피곤해 하던가?"

왕상시가 대답하였다.

"피곤해 합니다."

목주 선사가 인가하였다.

睦州 因王常侍來叅 乃問曰 今日 何故入院遲 侍曰爲看馬打毬 所以來遲 師曰人打毬 馬打毬 侍曰人打毬 師曰人困麼 侍曰困 馬困麼 侍曰困 露柱困麼 侍茫然無對 歸至私第 中夜間 忽然省得 明日見師云某會得昨日事也 師曰露柱困麼 侍曰困 師遂許之

ꩰ 불안원 선사가 상당하여, 이 칙을 들고 말하였다.

이는 달마 대사의 종지이니, 돌기둥은 공을 치지 않았거늘 어째서 피곤한가? 밝힐 자가 있는가? 사람의 피곤함과 말의 피곤함은 모두 피곤이 아니다. 돌기둥의 피곤이 진짜 피곤이니라.

말끝에 무생(無生)의 이치를 증득하는 것이 좋으니 말 중에서 법도를 찾지 말라. 백장 선사가 두 귀가 먹지 않았더라면 임제 선사에게 어찌 세 주먹을 갈길 줄을 알았으랴.

모든 업식으로 지어 유전함을 요즘 사람들에게 이르고 있으니 똥 버리는 것 같이 하라.

佛眼遠 上堂擧此話云 此是達磨大師宗旨 露柱不解打毬 如何却困 還有明得者麽 人困馬困 未是困 露柱之困 始是困 好於言下證無生 莫向言中尋尺寸 百丈 若無雙耳聾 林際爭解領三頓 盡將業識作流傳 此道今人 棄如糞

 대원 문재현은 이 칙을 모두 들고나서 이르노라.

만약 그때 이 사람이었다면 윗 구절을 왕상시와 똑같이 대답을 하고 "돌기둥도 피곤해 하던가?" 할 적엔 "화상께선 자신의 말[言]만을 알고 어찌 남의 말[言]은 보지 못합니까?" 했을 것이다.

돌기둥의 피곤이 진짜의 피곤이다
불안원이 진언을 설파해 놨는데
그대들도 지체 없이 설파해 일러보게

653칙 당병이라 해야 되는가, 당병이 아니라 해야 되는가?

 본 칙

목주 선사가 승정(僧正)에게 물었다.

"유식론을 강의할 수 있는가?"

승정이 대답하였다.

"외람된 말씀이오나 소년 시절부터 글을 좀 읽었을 뿐입니다."

이에 목주 선사가 당병(꿀빵) 하나를 들어 두 쪽을 내고 물었다.

"그대는 어떻게 생각하는가?"

승정이 말이 없자, 목주 선사가 말하였다.

"당병이라 해야 되는가, 당병이 아니라 해야 되는가?"

승정이 말하였다.

"당병이 아니라 할 수는 없습니다."

이에 목주 선사가 사미를 불러 물었다.

"이리 오너라. 너는 이것이 무엇이라 여기는가?"

사미가 대답하였다.

"당병입니다."

목주 선사가 말하였다.
"너도 유식론 강의는 할 수 있겠구나."

睦州 問僧正云 講得唯識論麽 正云 不敢 小年 曾讀文字來 師拈起糖餠 擘作兩片云 你作麽生 正 無語 師云 喚作糖餠 是 不喚作糖餠是 正云 不可不喚作糖餠 師却喚沙彌 來來 你喚作什麽 彌云 糖餠 師云 你也講得唯識論

ↀ 운문고 선사가 상당하여 이 칙을 들고 말하였다.

승정과 사미가 진실로 유식론을 강의하기는 했으나 다만 당병의 온 곳을 알지 못했다. 목주 노인도 비록 한 지방의 선지식이기는 하나 삼계가 마음뿐이요, 만법이 식뿐이라는 궁극의 이치는 끝내 알지 못하였다.

雲門杲 上堂擧此話云 僧正與沙彌 眞實講得唯識論 只是不知糖餠來處 睦州老人 雖是一方善知識 若是三界唯心 萬法唯識 畢竟理會不得

 대원 문재현은 이 칙을 모두 들고나서 이르노라.

목주 선사는 병에 따라 약 쓰는데 아직 능하지 못했다. 승정이 말 없을 때 한 할을 하고, 사미의 그와 같이 대답할 때 끝나자마자 한 대 쳤더라면 좋은 약이 되었을 것을….

풀어냄도 아닌 만상 이름짓고
유식 무식 나눈 업식 쉬게나
이러-히 즐기며 일한다네

654칙 초월해서는 초월했다는 것마저 없는 길

 본 칙

목주 선사에게 어떤 선승이 물었다.
"어떤 것이 초월해서는 초월했다는 것마저 없는 길입니까?"
목주 선사가 대답하였다.
"말하라면 어려울 게 무엇이냐?"
이에 선승이 다시 말하였다.
"스님! 말씀해 주십시오."
목주 선사가 말하였다.
"처음은 31이요, 중간은 9요, 아래는 7이니라."

睦州 因僧問 如何是向上一路 師云 要道有什麽難 僧云 請師道 師云 初 三十一 中 九 下 七

◌ 열재 거사 송

한 가닥 길을 먹줄같이 곧게 일으켜 엶이여!
하나, 둘, 셋, 넷, 다섯, 여섯, 일곱일세
푸른 이끼잎 아래 술에 취하고
묶은 여뀌가지로 풀피리를 분다

悅齋居士 頌
撥開一路如繩直
一二三四五六七
蒼苔葉下醉酴酥
紅蓼枝頭吹篳篥

 대원 문재현은 이 칙을 모두 듣고나서 이르노라.

목주 선사의 말에나 떨어져 헤어나지 못한 식충 선승에게 "처음은 31이요, 중간은 9요, 아래는 7이니라." 하여 온통 거듭 보인 자비를 알겠는가?

공교로움 공교롭지 않은 듯이
목주 선사 밝고 밝게 보임을
좌구가 내 앞서서 이르네

655칙 큰일

 본 칙

목주 선사가 대중에게 보이고 말하였다.
"큰일을 분명히 하지 못했다면 죽은 어미를 생각하며 상제노릇 하듯 하고, 큰일을 분명히 했다 하더라도 죽은 어미를 생각하며 상제노릇 하듯 해야 하리라."

睦州 示衆云 大事未辦 如喪考妣 大事已辦 如喪考妣

☁ 보녕용 선사 송

예나 지금이나 봄이 가고 가을이 온다
서로 만나 해마다 깊어짐 논하지 말라
시장하면 먹고 목마르면 마시어 다른 일 없거늘
눈 위에 서리 더한 듯한 머리 가득차게 들은 것을 비우게나

保寧勇 頌
春去秋來古與今
相逢休論歲時深
饑湌渴飮無他事
盡聽滿頭霜雪侵

 대원 문재현은 이 칙을 모두 들고나서 이르노라.

목주 선사의 의중이 무엇인가?

구구는 언제나 팔십일이고
육육은 변함없이 삼십육이며
삼삼은 뒤집어도 구일세

656칙 허공에다 점 하나를 찍어 놓고

 본 칙

목주 선사가 수재에게 말하였다.

"이십사가(二十四家)의 글을 알아야 한다."

목주 선사가 주장자로 허공에다 점 하나를 찍어 놓고 말하였다.

"알겠는가?"

수재가 어리둥절하자, 목주 선사가 말하였다.

"또 말해보라. 이십사가의 글을 다 안다면서도 영자팔법[36]도 모르는구나."

睦州 因秀才相看云 會二十四家書 師以柱杖 空中 點一點云 會麼 秀才罔措 師云 又道 會二十四家書 永字八法 也不識

---

36) 영자팔법(永字八法) : 한자를 쓸 때 8가지 운필법(運筆法). 모든 글씨의 서법은 '영(永)'자 한 자 속에 포함되었다 하여 '永'자로써 운필의 8법을 설명한다. 초심자가 글씨를 배우는 데 편리하다.

ᗝ 황룡남 선사가 상당하여 이 칙을 들고 말하였다.

목주 선사의 한 점은 위음왕불 이전의 것이나, 영자팔법의 글을 이야기함에 이르러서는 문득 속인의 감파를 받았다.

만일 나라면 그렇게 하지 않으리니 공문(孔門)의 제자는 아는 이 없으나, 눈 푸른 서역 중은 웃으면서 끄덕인다 하리라.

黃龍南 上堂擧此話云 睦州一點 直在威音王已前 及乎八法論書 却被俗人勘破 若是歸宗 卽不然 孔門弟子無人識 碧眼胡僧 笑點頭

ꩰ 위산철 선사가 이 칙을 들고 말하였다.

목주 선사가 그 한 점의 묘함을 활용하는 것은 무방하나 마치 기세로써 사람을 속인 것 같다. 대위는 그렇게 하지 않으리라.

(일원상 하나를 그려 놓고 말하기를)

알겠는가?

글자의 뜻이 분명하니, 문장에 점을 더하지 말라.

潙山喆 拈 睦州 不妨用得這一點妙 又似以勢欺人 大潙 卽不然 乃畫一圓相云 會麽 字義炳然 文不加點

ꩰ 자항박 선사가 상당하여 이 칙을 들고 이어 황룡남 선사의 상당 법문을 들고 말하였다.

목주 선사는 사람을 너무나 속였고, 황룡은 그를 잘 꿰뚫어 새롭게 하였다. 두 큰 노덕이 가위 손을 맞잡고 높은 누각에 오른 것이라 하겠으나 곁에서 보는 이의 비웃음을 면치 못했다. 영자팔법의 글을 논하려면 아직 멀었도다.

비록 그러나 그런 것이 없어서도 안 될 것이니 지금 문장에 점을 더할 수 없는 곳에서 한 구절 말할 자는 없는가?

맨 얼굴을 남에게 드러내는 것은 옳지 못하니, 붉은 분을 발라 화장을 한 풍류니라.

慈航朴 上堂擧此話 連擧黃龍南上堂 師云 睦州 瞞人大殺 歸宗 善通其變 二大老 可謂相携把手上高樓 未免傍觀者哂 若謂八法論書 猶未有事在 然雖如是 者也之乎 又也無他不得 卽今 莫有向文不加點處道得一句子麽 素面呈人 終未可 點粧紅粉始風流

 대원 문재현은 이 칙을 모두 들고나서 이르노라.

목주 선사의 한 점이여, 삼세제불과 역대조사의 비밀을 온통 들추어 보였다.

있고 없음 누가 지은 이름인가?
이러-히 누리고 쉴 뿐임을
목주는 한 점으로 다 보였네

657칙 단숨에 대장경을 굴릴 수 있겠습니까?

 본 칙

목주 선사에게 선승이 물었다.

“단숨에 대장경을 굴릴 수 있겠습니까?”

목주 선사가 말하였다.

“무슨 빵이냐 떡이냐? 가지고 왔거든 상쾌하게 내려놓게.”

睦州 因僧問 一氣 還轉得一大藏經也無 云 有甚餢飳饠饠子 快下將來

ᯅ 운문고 선사 송

단숨에 대장경을 굴림이여
돈교, 점교, 편교, 원교, 권교, 실교 등
끝없는 묘한 이치 밝게 드러난 것이라
원래부터 한 글자도 또한 알 것 없느니라

雲門杲 頌
一氣轉一大藏敎
頓漸偏圓權與實
無邊妙義炳然彰
元來一字也不識

◌ 죽암규 선사 송

목주 선사는 송곳 끝 뾰족한 것만을 사랑했고
그 선승은 끌 끝 모난 것도 볼 줄을 모르는구나
설사 백천 대장경을 굴린다 하여도
그러한 공양은 예사로운 일이니라

竹庵珪 頌
睦州只愛錐頭利
這僧不見鑿頭方
直饒轉得百千藏
這般供養也尋常

☁ 운문고 선사가 이 칙을 들고 말하였다.

첫 새벽, 오경에 일어나 쳐들어가려 했더니 밤부터 다니는 이가 있구나.

雲門杲 拈 五更侵早起 更有夜行人

ꩲ 공수 화상이 이 칙을 들고 말하였다.

조각배 이미 동정호를 지났도다.

空叟和尙 擧此話云 扁舟已過洞庭湖

 대원 문재현은 이 칙을 모두 듣고나서 이르노라.

번개인들 이보다 더 빠르랴.

곡우[37] 지난 연두색 새잎들이
내 입까지 빌릴 것 없다는 듯
소리도 전혀 없이 일렀다네

37) 곡우(穀雨) : 24절기 중 여섯 번째로, 봄의 마지막 절기이다. 음력 3월 중이며 봄비가 백곡(百穀)을 윤택하게 한다는 뜻이다. 조기잡이가 성하고 나무에 물이 오르는 시기로, 한 해 풍년을 기원했다고 한다.

658칙 나귀 앞, 말 뒤의 놈

 본 칙

목주 선사가 선승에게 물었다.
"어디서 오는가?"
선승이 눈을 똑바로 뜨고 보자, 목주 선사가 말하였다.
"나귀 앞, 말 뒤의 놈이로구나."
이에 선승이 다시 말하였다.
"스님께서 감정해 주십시오."
목주 선사가 말하였다.
"나귀 앞, 말 뒤의 놈아! 한마디 해보라."
선승이 대답이 없었다.

睦州 問僧 什麽處來 僧 瞪目視之 師云 驢前馬後漢 僧云 請師監 師云 驢前馬後漢 道將一句來 僧 無對

ⓒ 대홍은 선사가 대신 말하였다.

지음자를 만나기 쉽지 않구나.
(다시 특별히 말하기를)
감파해 마쳤다.

大洪恩 代 罕遇知音 復別云 勘破了也

 대원 문재현은 이 칙을 모두 들고나서 이르노라.

“나귀 앞, 말 뒤의 놈아! 한마디 해보라.” 할 때 “나귀 앞, 말 뒤의 사람이라 오로지 이러-할 뿐 따로 할 말이 뭐 있겠습니까? 다실에서 차나 한 잔 드시지요.” 했어야 했다.

푸른 하늘 밝은 달은 못 밑에 사무쳤고
꽃 한송이 붉고 붉어 이마를 뚫음이여
낮이면 일을 하고 밤 되면 잠을 자네

659칙 날마다 쓰면서 알지 못한다

 본 칙

목주 선사가 수재에게 물었다.

"선배는 어떤 경을 전공했는가?"

수재가 대답하였다.

"주역을 전공했습니다."

"'주역에 '백성들이 날마다 쓰면서 알지 못한다.' 했는데 알지 못하는 것이 무엇인가?"

"도를 알지 못합니다."

목주 선사가 물었다.

"무엇이 도인가?"

수재가 말이 없자, 목주 선사가 말하였다.

"과연 알지 못하는구나."

睦州問秀才 先輩 治什經 才云 治易 師云 易中 道 百姓 日用而不知 不知箇什麽 才云 不知其道 師云 作麽生是道 才無語 師云 果然不知

☁ 운문고 선사가 이 칙을 들고 말하였다.

수재가 비록 말이 없이 목주 선사의 뜻에 가만히 계합했으나 마지막 하나가 모자랐다. 나라면 그때 목주 선사가 "과연 알지 못하는구나." 하는 것을 보았더라면 손뼉을 치면서 껄껄 크게 웃어 분명히 목주 선사와 서로 모자람이 없이 했으리라.

雲門杲 擧此話云 秀才雖然無語 默契睦州 只是少末後一着 徑山 當時 若見睦州道果然不知 但拊掌呵呵大笑 管取睦州不相虧

 대원 문재현은 이 칙을 모두 들고나서 이르노라.

"무엇이 도인가?" 할 때 "잘도 쓰십니다." 하지 못하고 모욕을 당했구나.

장소팔과 고춘자의 만담 듣다
웃음을 참을 수가 없어서
방장을 두들기며 웃었다오

660칙 국수를 들어 보이다

 본 칙

복주 오석 영관 선사가 어느 날, 새로 온 이가 있어서 국수를 뽑다가 국수를 들어 보이니, 그 선승이 나가버렸다. 저녁이 되자 수좌에게 물었다.

"오늘 새로 온 이가 어디에 있는가?"

수좌가 대답하였다.

"그때 바로 가버렸습니다."

영관 선사가 말하였다.

"옳기는 옳으나 다만 한 말뚝만을 얻었느니라."

福州烏石靈觀禪師 一日 因新到來 偶引麵次 遂引麵示之 其僧 便去 師晩間 問首座 今日新到在甚處 座云 當時便去 師云 是卽是 只得一橛

ᔕ 설두현 선사가 이 칙을 들고 말하였다.

영관 노장은 마치 돈 잃고 벌서는 것 같도다.

雪竇顯 拈 老觀 大似失錢遭罪

ᔕ 현각 선사가 말하였다.

어느 곳이 한 말뚝 뿐이라고 부족하게 여긴 곳인가?

玄覺 云 什麽處是少一橛

ᨖ 취암지 선사가 말하였다.

늙은 영관 선사가 그에게 "한 말뚝만을 얻었다." 하나 마치 양반을 억압해서 천민을 만드는 것 같으니, 서로가 다 출가한 사람이다.

翠嵒芝 云 老觀 道他只得一橛 大似壓良爲賤 彼此出家兒

 대원 문재현은 이 칙을 모두 듣고나서 이르노라.

두 분 모두가 옳기는 옳으나 자세히 관찰하니 평지에 풍파를 일으키는 격이니라.

분홍빛 진달래 위 노랑나비 나르니
산정에 사람들의 메아리도 번지고
보리밭 창공에선 종달새 노래로세

661칙 영관 노장을 잡아먹으러 왔소이다

 본 칙

영관 선사에게 설봉 선사가 와서 문을 두드리자, 영관 선사가 물었다.

"누구요?"

설봉 선사가 대답하였다.

"봉황의 자손이오."

영관 선사가 말하였다.

"무엇 때문인가?"

설봉 선사가 말하였다.

"영관 노장을 잡아먹으러 왔소이다."

이어 영관 선사가 문을 벌컥 열고 나서서 멱살을 잡고 말하였다.

"말해보라. 말해봐."

설봉 선사가 머뭇거리자, 영관 선사가 버럭 밀어 던지고는 문을 닫아버렸다.

설봉 선사가 주지가 된 뒤에 대중에게 보이고 말하였다.

"내가 그때, 영관 노장의 문에 들어가기라도 했다면 너희들은 저

술지게미나 먹는 한 패거리이리니 어느 곳을 향해 더듬어 찾겠는가?”

靈觀 因雪峯來敲門 師云誰 峯云 鳳凰兒 云 作什麽 峯云 來啗老觀 師便開門搊住云 道道 峯 擬議 師便托開 閉却門 雪峯 住後 示衆云 我當時 若入得老觀門 你這一隊噇酒糟漢 向甚處摸㨇

ᯅ 송원 선사 송

첫째는 지음 없고 둘째는 쉼 없음이여
주인과 손, 번갈은 것 까닭이 있다 할 것인가
구운 벽돌을 밑까지 언 얼음에 붙이고
섶 끝에 불을 붙여 붉은 눈을 찌른다

松源 頌
一不做二不休
主賓互換有來由
焦塼打着連底凍
赤眼撞着火柴頭

☁ 어떤 노숙이 이 칙을 들고 말하였다.

설봉 선사가 공연히 그런 말을 했으니 그때에도 들어감을 얻지 못했지만, 지금도 들어감은 얻지 못한다.

有老宿 拈 雪峯徒有此語 當時 入不得 今也 入不得

☁ 명초 선사가 대신 말하였다.

(설봉 선사의 문 열자마자 보았다는 것에 대해 대신 말하기를)
움직이면 죽는다.
(또 영관 노장을 대신하여 말하기를)
뛰어나도다! 뛰어나도다!

明招 代 雪峯 纔見開門 便云 動卽喪 又代老觀云 俊哉俊哉

ᐊ 설두현 선사가 이 칙을 들고 이어 어떤 노숙이 이 칙을 들어 말한 것을 들고 말하였다.

배은망덕한 이로구나. 무슨 교섭할 바 있으랴. 그때에도 들어감을 얻을 수 없다 하고선 어째서 그대를 들어가게 가르치고 있는가.

지금도 이미 찾아도 찾을 수 없으나, 수고를 끼친 저 설봉 선사가 영관 노장의 문하에 함께 있구나.

雪竇顯 擧此話 連擧老宿拈 師云 這辜恩負德漢 有甚交涉 當時 入不得 豈是教你入 今旣摸㨍不着 累他雪峯 俱在老觀門下

 대원 문재현은 이 칙을 모두 들고나서 이르노라.

영관 선사가 "말해 보라. 말해봐." 했을 때 "이 노장이 과연 이렇게 죽는구나." 하고 껄껄 웃었어야 했다.

멱살 잡음, 덕산의 방망이요
밀쳐버림, 거듭 보인 자비일세
아는가, 모르는가? 달이 밝다
참!

662칙 일원상(一圓相)

 본 칙

항주 경산 도흠 선사에게 마조 대사가 인편에 편지를 보내고 편지 속에 일원상을 그려 보냈는데 경산 선사가 봉한 것을 뜯어보고는 일원상 안에 一을 긋고(혹은 점을 찍었다 함) 다시 봉해서 돌려보냈다.

충 국사가 듣고 말하였다.

"도흠 선사가 마치 마조 대사에게 의심을 당한 것 같이 됐구나."

杭州徑山道欽禪師 因馬祖令人送書到 書中 作一圓相 師發緘見 遂於圓相中 作一畫(一本點一點) 却封廻 忠國師聞 乃云 欽師 猶被馬師惑

ᗢ 대각련 선사 송

강서에 달은 밝고 구름 한 점 없는데
서월과 동오를 모두 삼켜버렸네
우습구나! 두꺼비가 먹듯 한 것에
곧 그러-해서 천고가 지나도록 자손들 배부르네

大覺璉 頌
江西明月正無雲
西越東戾盡被呑
堪笑蝦嘛才蝕鈌
直然千古飽兒孫

ꕤ 대홍은 선사 송

한 집에 일 생기면 백 집이 바쁘고
저울대와 거울이 분명하면 이치 절로 드러난다
병들고 게을러서 아무러한 기량도 없고
겨울에는 따스하고 여름에는 시원하다

(이는 설두 선사가 이 칙을 들어 말한 것을 이어서 든 것이다)

大洪恩 頌
一家有事百家忙
衡鑑分明理自彰
病懶都盧無伎倆
冬便溫暖夏便涼
(此錄連擧雪竇拈)

☁ 육왕심 선사 송

긴 밤에 싸늘한 달 허공에 비치니
물과 산이 모두가 한 빛일세
천리의 같은 가풍 누가 알꼬
도흠이 마조에게 의심을 당한 것 같이 됐다 함이여
○이 의심하고 의심하지 않는 것인가?
도솔천 궁전의 미륵에게 물으라

育王諶 頌
寒蟾永夜生碧虛
水水山山唯一色
同風千里有誰知
欽師猶被馬師惑
○惑不惑
兜率天宮問彌勒

ꩲ 보복전 선사가 이 칙을 들고 말하였다.

어느 곳이 이 의심한 곳이며, 어찌해야 의심했다 하지 않겠는가?

保福展 拈 甚處是惑處 作麽生得不惑去

ꩠ 오조계 선사가 말하였다.

두 모양이 한 번 승부를 겨룰세.
(또 말하기를)
세 사람이 길을 가리켰는데 무엇을 하자는 헤아림인가.

五祖戒 云 兩彩一賽 又云 三人 指路 擬何爲

☁ 설두현 선사가 이 칙을 들고 말하였다.

경산이 의심을 당하는 것은 그만두고, 만일 충 국사께 바쳤더라면 무슨 재주로 달리 지어 의심당하는 것 같이 됨을 면할까?

어떤 노숙이 "그때에 앉은 그대로 그만 두었어야 한다." 하고, 또 "죽 그어버렸어야 했다." 하니 이렇게 한다면 부끄러움을 모를 뿐이다.

감히 말하노니, 천하의 노화상이 제각기 금강 같은 눈동자를 가지고, 널리 신통과 변화를 부리더라도 면할 수 있겠는가?

설두의 견해는 여러분이 다 같이 알기를 바라거니와 설사 마조대사라도 그때 그려 보낸 일을 서둘러 스스로 의심해야 할 것이다.

雪竇顯 拈 徑山被惑 且置 若將呈似國師 別作个什麽伎倆 免被惑去 有老宿 云 當時 坐却便休 亦有道 但與劃破 若與麽 只是不識羞 敢謂天下老師 各具金剛眼睛 廣作神通變化 還免得麽 雪竇見處 也要諸人共知 只是馬師 當時 畫出 早自惑了也

ထ 대위철 선사가 이 칙을 들고 말하였다.

여러분은 마조 대사와 경산 선사를 알겠는가? 한 방울의 먹물이 두 곳에서 용을 이루었다. 국사가 "도흠 선사가 마치 마조 대사에게 의심을 당한 것 같이 됐구나." 하니 가위 천 리에 가풍이 같다 할 것이다.

보지 못했는가? "손에 야명부(夜明符)를 가졌다 하나, 몇 사람이나 날 밝은 줄 알았을꼬?" 했느니라.

大潙喆 拈 諸人 還識馬祖徑山麽 一點水墨 兩處成龍 國師道 欽師猶被馬師惑 可謂千里同風 不見道 手執夜明符 幾箇知天曉

ᨖ 천복회 선사가 상당하여 이 칙을 들고 말하였다.

여러분! 어떻게 생각하는가? 노승이 오늘 저녁에 이미 노파심이 들어, 여러분에게 설파하리라. 앞의 것은 법으로 바늘 하나 용납되지 않고, 나중의 것은 사사로이 거마도 통하느니라.

만일 가려내면 그대에게 법을 가리는 안목이 있다고 허락하리라.

薦福懷 上堂擧此話云 諸仁者 作麼生會 老僧 今夜 已是老婆 與你諸人說破 前頭則官不容針 後面是私通車馬 若能辨得 許你具擇法眼

☁ 곤산원 선사가 상당하여 이 칙을 들고 말하였다.

대중들이여!

도대체 종사가 되려면 반드시 공을 함부로 베풀지 않아야 하는데 어째서 국사께서 "도흠 선사가 마치 마조 대사에게 의심을 당한 것 같이 됐구나." 했을까? 여러분은 선덕의 뜻을 알고자 하는가?

(말없이 보이다가)

천 균(鈞)의 쇠뇌[弩]를 어찌 생쥐의 기틀에 쏘랴.

崑山元 上堂擧此話 師召大衆云 夫爲宗匠 必定功不浪施 因甚麼 國師却云 欽師 猶被馬師惑 諸人 要會先德意麼 良久云 千鈞之弩 豈爲鼷鼠而發機

ᄋ 운문고 선사가 상당하여 이 칙을 들고 말하였다.

마조 대사는 한겨울처럼 몹시 차고, 국사는 첫 여름이 차츰 더운 것 같다. 비록 추위와 더위가 같지는 않으나 모두가 시절을 잃지는 않았다.

충 국사는 어째서 도흠 선사가 마치 마조 대사의 의심을 당한 것 같이 되었다 했을까? 자세히 아는가?

바람 없이 연잎이 흔들리는 것은 반드시 고기가 다니고 있기 때문이니라.

雲門杲 上堂擧此話云 馬師 仲冬嚴寒 國一 孟夏漸熱 雖然寒熱不同 彼此 不失時節 忠國師 爲什麽 却道欽師猶被馬師惑 還委悉麽 無風荷葉動 決定有魚行

 대원 문재현은 이 칙을 모두 들고나서 이르노라.

만일 어떤 이가 그런 그림을 그려 보냈다면 차나 한 잔 드시라고 써서 보냈을 것이다.

세 분들 엽차나 들 것이지
대장부 답지 않게 수다일꼬
도리어 주장자가 허물없다

663칙 어찌 네 가지 거동 사이에서 빈도를 보시려 합니까?

 본 칙

경산 선사가 대종(代宗) 황제의 부름을 받고 대궐에 갔더니, 황제가 몸소 일어나 정중히 절을 하고 맞았다.

어느 날, 경산 선사가 대궐 안에 있다가 황제를 보고 자리에서 일어나자, 황제가 물었다.

"스승께서는 어째서 자리에서 일어나시오?"

국사가 대답하였다.

"단월께서는 어찌 네 가지 거동[四威儀][38] 사이에서 빈도를 보시려 합니까?"

徑山 因代宗詔至闕下 親加瞻禮 一日 師在內見帝起立 帝曰 師何以起 師云 檀越 何得向四威儀中 見貧道

38) 사위의(四威儀) : 행주좌와(行住坐臥). 다니고, 머물고, 앉고, 눕고 하는 일상의 움직임을 통틀어 이르는 말.

☁ 운문고 선사가 이 칙을 들고 말하였다.

네 가지 위의 가운데서가 아니면 또 어디서 국일을 뵙겠는가?

雲門杲 擧此話云 不向四威儀中 又如何見國一

 대원 문재현은 이 칙을 모두 듣고나서 이르노라.

경산 선사 당시의 그 도리야
산사의 옛 기둥도 이르고
뜰 위의 신발들도 잘 이르네

수행의 노래

대원 문재현 선사님 작사

여기에 실린 것들은 모두 대원 문재현 선사님께서 직접 작사하신 곡들이다.

수행의 길로 들어서게끔 신심, 발심을 북돋아주는 곡으로부터 수행의 길로 접어든 이의 구도의 몸부림이 담겨있는 곡, 대승의 원력을 발해서 교화하는 보살의 자비심과 함께 낙원세계를 누리는 풍류를 그려놓은 곡까지 가사 한마디, 한마디가 생생하여 그 뜻이 뼛속 깊이 새겨지고 그 멋에 흠뻑 취하게 된다.

대원 문재현 선사님께서는 거칠고 말초적인 요즘의 노래를 듣고 이러한 정서를 순화시키고자, 또한 수행의 마음을 진작시키고자 하는 뜻에서 이 곡들을 작사하셨다.

사 색

1. 조용히 눈 감고서 참나를 살펴봐요
갖은 생각 모든 행이 이로 좇아 있건만은
색깔도 모양도 없어 알고파서 사색일세
모든 걸 내려놓고 쉬는 시간 사색으로
한 걸음 또 한 걸음 다가서는 노력 다해
기어이 성취하여 낙원의 삶 누리려네

2. 조용한 사색으로 깨달아 살펴보면
온갖 지혜 모든 덕이 이로 좇아 있음에
그 능력 베풀고 펼쳐 누리려고 수행일세
모두를 다 비우고 님의 자취 따름으로
한걸음 또 한걸음 극락세계 다가가서
기어이 성취하여 너나 없이 누려보세

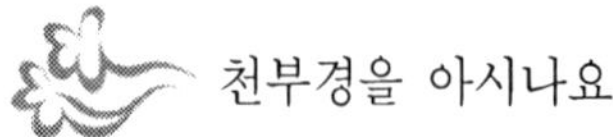

천부경을 아시나요

1. 우리 조상 깊은 진리 천부경을 아시나요
여든 한자 속에 누리의 온 이치를 남김없이 담으셨네
필부의 사내라도 마음을 갈고 닦아
영원한 참나 깨쳐 환인 큰 은혜에 보답해 사세

2. 바른 진리 깨달아서 이 세상을 바로 봐요
마음의 능력으로 펼쳐놓은 장엄이라 화려하고 아름답네
이 땅인 이대로가 낙원의 세계이니
노래와 춤으로써 어깨동무하고 영원히 사세

서 원 가

1. 참나를 깨달아서 보림을 하고
다가올 내 앞날의 서원이라네
기어코 육바라밀 성취를 하여
불보살님 큰 은혜에 보답하면서
영원히 구제의 길 나는 가리라

2. 보살의 가는 길이 험난타 해도
맹세코 초지일관 서원이라네
구류를 그릇 따라 깨닫게 하여
스승님의 큰 은혜에 보답하면서
영원히 구제의 길 나는 가리라

3. 중생이 끝이 없다 말들을 해도
보현의 만행 다해 제도를 하여
유정과 무정 모두 다한 그날이
삼보님의 큰 은혜를 갚는 날이니
영원히 구제의 길 나는 가리라

님은 아시리

1 부

1. 사계절의 풍광인들 위로되겠니
서사시의 음률인들 쉬어지겠니
뜻과 같이 되지 않아 기도에 젖은
이 마음 님은 아시리
한 세상 열정 쏟아 닦는 수행길
불보살님 출현하셔 베푼 자비에
모든 망상, 모든 번뇌 없었으면 좋으련만
마음대로 안 되는 게 수행이더라, 수행이더라, 수행이더라

2. 사계절의 풍광인들 위로되겠니
서사시의 음률인들 쉬어지겠니
뜻과 같이 되지 않아 기도에 젖은
이 마음 님은 아시리
청춘의 모든 욕망 사뤄버리고
회광반조 촌각 아낀 열정 쏟아서
이룬 선정 그 효력이 있었으면 좋으련만
마음대로 안 되는 게 보림이더라, 보림이더라, 보림이더라

3. 사계절의 풍광인들 위로되겠니
서사시의 음률인들 쉬어지겠니
뜻과 같이 되지 않아 기도에 젖은
이 마음 님은 아시리
억겁의 모든 습성 꺾어보려고
갖은 노력 갖은 인내 온통 쏟아서
세월 잊은 보림 성취 있었으면 좋으련만
마음대로 안 되는 게 성불이더라, 성불이더라, 성불이더라

2 부

1. 사계절의 풍광인들 비유되겠니
가릉빈가 음률인들 비교되겠니
뜻과 같이 자유자재 베풀어 놓고
한없이 즐기시련만
그러한 대자유의 삶을 접고서
중생들을 구제하려 삼도에 출현
갖은 역경 어려움을 감내하는 자비로써
깨워주는 그 진리에 눈을 뜨거라, 눈을 뜨거라, 눈을 뜨거라

2. 사계절의 풍광인들 비유되겠니
가릉빈가 음률인들 비교되겠니
뜻과 같이 자유자재 베풀어 놓고
한없이 즐기시련만
억겁을 다하여도 끝이 없을 걸
알면서도 해내겠다 나선 님의 길
가시밭길 험난해도 일관하신 그 자비에
구류중생 깨달아서 정토 이루리, 정토 이루리, 정토 이루리

3. 사계절의 풍광인들 비유되겠니
가릉빈가 음률인들 비교되겠니
뜻과 같이 자유자재 베풀어 놓고
한없이 즐기시련만
낙원의 모든 즐김 떨쳐버리고
삼악도를 낙원으로 이뤄놓겠다
촌각 아낀 그 열정에 모두 모두 감화되어
이 땅 위에 님의 소원 이뤄지리라, 이뤄지리라, 이뤄지리라

교 화 가

1. 주장자 떨쳐메고 방랑 삼천계
   흰구름 뜬 고개 넘어 오신 님이 누구뇨
   사바세계 중생들을 구제를 할 때
   갖은 방편 어려움도 웃어넘는 스승님

2. 주장자 떨쳐메고 방랑 삼천계
   흰구름 뜬 고개 넘어 오신 님이 누구뇨
   구류중생 그릇 따라 교화를 할 때
   제 안경에 갖은 시비 웃어넘는 스승님

3. 주장자 떨쳐메고 방랑 삼천계
   흰구름 뜬 고개 넘어 오신 님이 누구뇨
   화장세계 열어놓고 노래를 하며
   춤을 추는 이 환희를 함께 하잔 스승님

보살의 마음

1. 파도에 실려 떠가는 낙엽같이 살아가는 인생
   구원코자 따라주며 같이 하는 자비인데
   제 안경에 보인 대로 말들 하지만
   못 들은 척 모르는 척 최선 다하리
   바른 눈, 바른 맘 통쾌히 열어라
   아 그날이 오기만을 기다리는 마음

2. 파도에 실려 떠가는 낙엽같이 살아가는 인생
   구원코자 따라주며 같이 하는 자비인데
   눈이 멀고 귀가 먹은 저들이지만
   황소처럼 지장처럼 최선 다하리
   지혜 눈, 지혜 맘 통쾌히 열어라
   아 그날이 오기만을 기다리는 마음

보 살 가

1. 세상사에 어울린 구제의 길
어려움도 웃어넘긴 이 마음을 흰구름 너도 알리라
성불의 보리과를 이루기 위해 두타의 수행으로써
이 세계 저 세계서 닦았던 보현행을 영원히 펼치리

2. 세상사에 어울린 구제의 길
어려움도 웃어넘긴 이 마음을 흰구름 너도 알리라
온누리 극락으로 이루기 위해 두타의 길이라지만
서원코 남김없이 구류를 제도하여 영원히 누리리

발 심 가

- 청춘가에 맞춰 홍겹게

1. 우리네 한세상 보람찬 삶으로
바꾸기 위하여 닦아들 봅시다
청춘 홍안이 얼마나 길던가
꿈꾸는 사이에 백발이 된다네

2. 참나를 깨달아 보림을 하고요
자비심 발하여 구제길 나서서
중생들 세계에 고통을 없애어
극락이 되도록 최선을 다하세

3. 본연한 몸의 능력을 베풀어
극락세계 장엄을 하구요
둥실 두둥실 누리기 위하여
오늘의 어려움 극복을 해내세

4. 눈 깜박 하는 새 한 세상 다 가고
부귀와 공명은 잠시의 꿈이라
이러한 되풀이 금생에 끝내어
윤회의 사슬에서 벗어나 납시다

권 수 가

- 창부타령에 맞춰 흥겹게

1. 아니 아니 닦지는 못하리라
나라는 참나를 어이해야 알꼬, 일분과 일각도 허송하지 말게
눈감아 뜨는 사이 백발과 주름일세
어서 수행을 하여 영원한 참나를 알고 사세
이것이것 이것이 뭐꼬, 뭐꼬라고 한 이것이 뭐꼬
보일듯이 아니 보이고 이룰 듯 하다가 놓쳤으니
하루하루가 태산만 같게 커져만 가는게 의심일세
얼씨구나 좋다, 지화자 좋네, 아니 닦지는 못하리라

2. 아니 아니 닦지는 못하리라
한송이 떨어진 꽃을 낙화진다고 서러워 마라
한번 피었다 꽃이 지듯 우리 저렇듯 지고 마는
슬픈 나날이 흘러 흘러 흘러만 가니 어이하리
차착각, 저 초침소리 검은 옷으로 다가오는
저승의 사자소리, 어찌 아니 슬플손가
숙명적인 인과라 해도 극복해 넘기에 어려웁네
얼씨구나 좋다, 지화자 좋네, 아니 닦지는 못하리라

3. 아니 아니 닦지는 못하리라

적적요요 달밝은 밤에 단정히 눈을 감은

깊은 삼매, 대상 없는 낙에 취해 짓는 미소

한산 습득이 즐겨 누리는 그 낙이 아니던가

모두들 저런 낙을 누리려거든 닦고 닦소

삼세 모든 불보살님도 두타의 수행을 인내로써

하루하루를 수행해 왔던 결실로 얻어진 과위라네

얼씨구나 좋다, 지화자 좋네, 아니 닦지는 못하리라

4. 아니 아니 닦지는 못하리라

어지러운 번뇌망상, 털고 이룬 보리마음

모든 속박 다 떨치고 호연지기를 누리는데

송죽바람 솔솔 향기, 그윽하고 그윽하네

산새도 노래하니 너도 좋고 나도 좋다

삼세제불 무현금에 역대조사 무공적의

명월삼경 이 좋은 밤을 두둥실 두둥실 즐겨보세

얼씨구나 좋다, 지화자 좋네, 아니 닦지는 못하리라

사 색

작사 대원 문재현
작곡 배신영

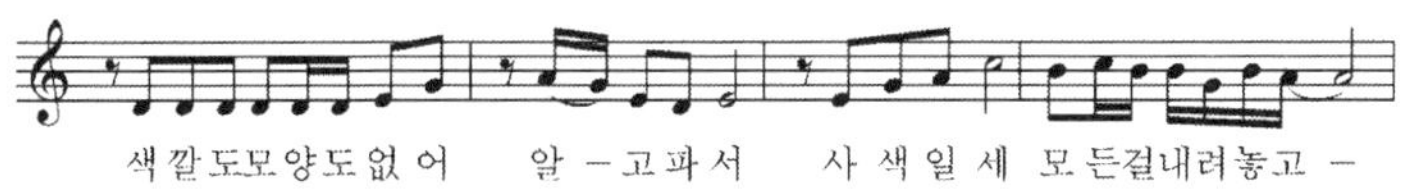

천부경을 아시나요

작사 대원 문재현
작곡 배신영

서 원 가

작사 대원 문재현
작곡 김동환
빠르지않게
참 나 를 깨 달 아 서 보 림 을 하 고
다 가올내앞날의 서원이라네 기어코육바라밀 성취를하여
불보살님큰은혜에 보답하면서 영원히구제의길 나는가리라

님은 아시리

2003년 부산가요작가협회 창작발표회 출품작

교 화 가

고 개 넘 ― 어 오 신 님 이 누 ― 구 뇨
mf
p
mp
사 바 세 계 중 생 들 ― 을 구 제 를 ― 할 때
f
f
ff
갖 은 방 ― 편 어 려 움 ― 도 웃 어 넘 는 스 ― 승 님
mf
mp

보살의 마음

작사 대원 문재현
작곡 정부기

며 같 이 하 는 자 비 인 데
제 안 경 에 보 인 대 — 로 말 — 들
눈 이 멀 고 귀 가 먹 — 은 저 — 들
하 지 만 못 들 은 척 모 르 는 — 척
이 지 만 황 소 처 럼 지 장 처 — 럼

쳐 — 선 다 하 — 리 바 — 른 눈 바 — — 른 —
쳐 — 선 다 하 — 리 지 — 혜 눈 지 — — 혜 —
맘 통 — 쾌 히 열 — — 어 — 라 아 그 날
맘 통 — 쾌 히 열 — — 어 — 라 아 그 날
이 오 기 만 을 기 다 리 는 마 — —
이 오 기 만 을 기 다 리 는 마 — —

1.
2.
음 파 ㅡ 도 음
mf

보 살 가

너무느리지않게 ♩= 80
작사 대원 문재현
작곡 김동환
세상사에어 울린 구 제의길
어려움도웃어넘긴 이 마음을 흰 구름너도알리 라
성불의보리과를 이루기위해 두타의수행으로 써

이세계저세계서 닦았던보현행을 영원히펼치－ 리

바로보인의 책들

1. 바로보인 전등록 (전30권을 5권으로)

7불과 역대 조사의 말씀이 1,700공안으로 집대성되어 있는 선종 최고의 고전으로, 깨달음의 정수가 살아 숨쉬도록 새롭게 번역되었다.

464, 464, 472, 448, 432쪽.

각권 18,000원

2. 바로보인 무문관

황룡 무문 혜개 선사가 저술한 공안집으로 『전등록』, 『선문염송』, 『벽암록』 등과 함께 손꼽히는 선문의 명저이다.

본칙 48개와 무문 선사의 평창과 송, 여기에 역저자인 대원 문재현 선사의 도움말과 시송으로 생명과 같은 선문의 진수를 맛보여 주고 있다.

272쪽. 12,000원

3. 바로보인 벽암록

설두 선사의 『설두송고』를 원오 극근 선사가 수행자에게 제창한 것이 벽암록이다.

이 책은 본칙과 설두 선사의 송, 대원 문재현 선사의 도움말과 시송으로 이루어져, 벽암록을 오늘에 맞게 바로 보이고 있다.

456쪽. 15,000원

4. 바로보인 천부경

우리 민족 최고(最古)의 경전 천부경을 깨달음의 책으로 새롭게 바로 보였다. 이 책에는 81권의 화엄경을 81자에 함축한 듯한 천부경과, 교화경, 치화경의 내용이 함께 담겨 있으며, 역저자인 대원 문재현 선사가 도움말, 토끼뿔, 거북털 등으로 손쉽게 닦아 증득하는 문을 열어놓고 있다.

432쪽. 15,000원

5. 바로보인 금강경

대원 문재현 선사의 『바로보인 금강경』은 국내 최초로 독창적인 과목을 내어 부처님과 수보리 존자의 대화 이면의 숨은 뜻을 드러내고, 자문과 시송으로 본문의 핵심을 꿰뚫어 밝혀, 금강경 전체를 손바닥 안의 겨자씨를 보듯 설파하고 있다.

488쪽. 15,000원

6. 세월을 북채로 세상을 북삼아

대원 문재현 선사의 선시가 담긴 선시화집 『세월을 북채로 세상을 북삼아』는 선과 시와 그림이 정상에서 만나 어우러진 한바탕이다. 선의 세계를 누리는 불가사의한 일상의 노래, 법열의 환희로 취한 어깨춤과 같은 선시가 생생하고 눈부시게 내면의 소리로 흐른다.

180쪽. 15,000원

7. 영원한현실

애매모호한 구석이 없이 밝고 명쾌하여, 너무도 분명함에 오히려 그 깊이를 헤아리기 어려운, 대원 문재현 선사의 주옥같은 법문을 모아 놓은 법문집이다.

400쪽. 15,000원

8. 바로보인 신심명

신심명은 양끝을 들어 양끝을 쓸어버리는, 40대치법으로 이루어진, 3조 승찬 대사의 게송이다.

이를 대원 문재현 선사가 바로 번역하는 것은 물론, 주해, 게송, 법문을 더해 통쾌하게 회통하고 자유자재 농한 것이 이 『바로보인 신심명』이다.

296쪽. 10,000원

9. 바로보인 환단고기 (전5권)

『바로보인 환단고기』 1권은 민족정신의 정수인 환단고기의 진리를 총정리하여 출간하였다.

2권에는 역사총론과 태초에서 배달국까지 역사가 실려있으며, 3권은 단군조선, 4권은 북부여에서부터 고려까지의 역사가 실려있다. 5권에는 역사를 증명하는 부록과 함께 환단고기 원문을 실었다.

264 · 368 · 264 · 352 · 344쪽. 각권 12,000원

10. 바로보인 선문염송 (전30권 중 15권)

선문염송은 세계최대의 공안집이다. 전 공안을 망라하다시피 했기에 불조의 법 쓰는 바를 손바닥 들여다보듯 하지 않고는 제대로 번역할 수 없다. 대원 문재현 선사는 전 공안을 바로 참구할 수 있게끔 번역하고 각 칙마다 일러보였다.

352 368 344 352 360 360 400 440 376 392 384 428 410 380 368쪽

각권 15,000원

11. 앞뜰에 국화꽃 곱고 북산에 첫눈 희다

대원 문재현 선사의 선문답집으로 전강 · 경봉 · 숭산 · 묵산 선사와의 명쾌한 문답을 실었으며, 중앙일보의 <한국불교의 큰스님 선문답> 열 분의 기사와 기자의 질문에 대한 대원 문재현 선사의 별답을 함께 실었다.

200쪽. 5,000원

12. 바로보인 증도가

선종사에 사라지지 않을 발자취로 남은 영가 선사의 증도가를 대원 문재현 선사가 번역하고 법문과 송을 더하였다.

자비의 방편인 증도가의 말씀을 하나 하나 쳐가는 선사의 일갈이야말로 영가 선사의 본의중과 일치하여 부합하는 것이라 아니할 수 없다.

376쪽. 10,000원

13. 바로보인 반야심경

이 시대의 야부 선사, 대원 문재현 선사가 최초로 반야심경에 과목을 붙여 반야심경 내면에 흐르는 뜻을 밀밀하게 밝혀놓고 거침없는 송으로 들어보였다.

200쪽. 10,000원

14. 선(禪)을 묻는 그대에게 (전10권 중 2권)

대원 문재현 선사의 선수행에 대한 문답집. 깨달아 사무친 경지에 대한 밀밀한 점검과, 오후보림에 대한 구체적인 수행법 제시와, 최초의 무명과 우주생성의 원리까지 낱낱이 설한 법문이 담겨 있다.

280쪽, 272쪽. 각권 15,000원

15. 바로보인 선가귀감

선가귀감은 깨닫고 닦아가는 비법이 고스란히 전수되어 있는 선가의 거울이라 할 만하다. 더욱이 바로보인 선가귀감은 매 소절마다 대원 문재현 선사의 시송이 화살을 과녁에 적중시키듯 역대 조사와 서산대사의 의중을 꿰뚫어 보석처럼 빛나고 있다.

352쪽. 15,000원

16. 바로보인 법융선사 심명

심명 99절의 한 소절, 한 소절이 이름 그대로 마음에 새겨두어야 할 자비광명들이다.

이 심명은 언어와 문자이면서 언어와 문자를 초월한 일상을 영위하게 하는 주옥같은 법문이다.

278쪽. 12,000원

17. 주머니 속의 심경

반야심경은 부처님이 설하신 경 중에서도 절제된 경으로 으뜸가는 경이다. 대원 문재현 선사의 선송(禪頌)도 그 뜻을 따라 간략하나 선의 풍미를 한껏 담고 있다. 하루에 한 소절씩을 읽고 참구한다면 선 수행의 지름길이 될 것이다.

84쪽. 5,000원

18. 바로보인 법성게

법성게는 한마디로 화엄경의 핵심부를 온통 훤출히 드러내놓은 게송이다. 짧은 글 속에 일체의 법을 이렇게 통렬하게 담아놓은 법문도 드물 것이다.

이렇게 함축된 법성게 법문을 대원 문재현 선사가 속속들이 밀밀하게 설해놓았다.

160쪽. 10,000원

19. 달다 - 전강 대선사 법어집

이제는 전설이 된 한국 근대선의 거목인 전강 선사님의 최상승법과 예리한 지혜, 선기로 넘쳤던 삶이 생생하게 담겨 있는 전강 대선사 법어집 < 달다 > !
전강 대선사님의 인가 제자인 대원 문재현 선사가 전강 대선사님의 법거량과 법문, 일화를 재조명하여 보였다.

304쪽. 15,000원

20. 기우목동가

그 뜻이 심오하여 번역하기 어려웠던 말계지은 선사의 기우목동가!
대원 문재현 선사가 바른 뜻이 드러나도록 번역하고, 간결한 결문과 주옥같은 선송으로 다시 보였다.

146쪽. 10,000원

21. 초발심자경문

이 초발심자경문은 한문을 새기는 힘인 문리를 터득하게 하기 위하여 일부러 의역하지 않고 직역하였다.
대원 문재현 선사의 살아있는 수행지침도 실려 있다.

266쪽. 10,000원

22. 방거사어록

방거사어록은 선의 일상, 선의 누림을 보여주는 대표적인 선문이다. 역저자인 대원 문재현 선사는 방거사어록의 문답을 '본연의 바탕에서 꽃피우는 일상의 함'이라 말하고 있다. 법의 흔적마저 없는 문답의 경지를 온전하게 드러내 놓은 번역과, 방거사와 호흡을 함께 하는 듯한 '토끼뿔'이 실려 있다.

266쪽. 15,000원

23. 실증설

대원 문재현 선사가 2010년 2월 14일 구정을 맞이하여 불자들에게 불법의 참뜻을 보이기 위해, 홀연히 펜을 들어 일시에 써내려간 실증설. 실증한 이가 아니고는 설파할 수 없는 일구의 도리로 보인 1부와, 태초로부터 영겁에 이르는 성품의 이치를 낱낱이 법문으로 설한 2, 3부를 보아 실증하기를...

198쪽. 10,000원